ビジョントレーニングで アルファベット はじめてドリル

北出勝也
村上加代子

※本書には音声の再生が必要な項目があります。スマホ、タブレット、PC等から弊社ウェブサイトへアクセスください。フリーでストリーミングまたはダウンロードができます。
https://www.tokyo-shoseki.co.jp/books/downloadpage/visional/

音声《おんせい》サイトへ

東京書籍

INDEX もくじ

ドリルを始《はじ》める前《まえ》に

1 キョロキョロ運動《うんどう》 …… 6
2 ブロックストリングス …… 8
3 線《せん》なぞり …… 10
4 なぞって点《てん》てんレース …… 12
5 なぞらないで点《てん》てんレース …… 13
6 線《せん》めいろ …… 14

1 アルファベット

step1 見《み》る

大文字《おおもじ》仲間《なかま》探《さが》し(1)　A～M …… 16
大文字《おおもじ》仲間《なかま》探《さが》し(2)　N～Z …… 17
大文字《おおもじ》仲間《なかま》探《さが》し(3)　A～M …… 18
大文字《おおもじ》仲間《なかま》探《さが》し(4)　N～Z …… 19
小文字《こもじ》仲間《なかま》探《さが》し(1)　a～m …… 20
小文字《こもじ》仲間《なかま》探《さが》し(2)　n～z …… 21
小文字《こもじ》仲間《なかま》探《さが》し(3)　a～m …… 22
小文字《こもじ》仲間《なかま》探《さが》し(4)　n～z …… 23
単語《たんご》探《さが》し(1) …… 24
単語《たんご》探《さが》し(2) …… 25
単語《たんご》探《さが》し(3) …… 26
単語《たんご》探《さが》し(4) …… 27
線《せん》つなぎ(1) …… 28
線《せん》つなぎ(2) …… 29
線《せん》つなぎ(3) …… 30
線《せん》つなぎ(4) …… 31
アルファベット表《ひょう》 …… 32
ペア迷路《めいろ》 …… 33
b、d、p、qの形《かたち》を作《つく》ろう …… 34

step2 聞《き》く

ABCタッチ（大文字《おおもじ》） …… 36
どちらが聞《き》こえた？（大文字《おおもじ》） …… 37
abcタッチ（小文字《こもじ》） …… 38
どちらが聞《き》こえた？（小文字《こもじ》） …… 39
聞《き》こえた順《じゅん》にタッチ（大文字《おおもじ》） …… 40
聞《き》こえた順《じゅん》にタッチ（小文字《こもじ》） …… 41

step3 言《い》う

AaからZzを言《い》ってみよう …… 42
ABCソングを歌《うた》ってみよう …… 43
上手《じょうず》にまねして言《い》えるかな（1） …… 44
上手《じょうず》にまねして言《い》えるかな（2） …… 45

step4 読《よ》む

アルファベットランダム読《よ》み（大文字《おおもじ》） …… 46
アルファベットランダム読《よ》み（小文字《こもじ》） …… 47
並《なら》んだ文字《もじ》を読《よ》んでみよう（大文字《おおもじ》） …… 48
並《なら》んだ文字《もじ》を読《よ》んでみよう（小文字《こもじ》） …… 49

step5 書《か》く

大文字《おおもじ》をなぞって書《か》いてみよう（右利《みぎき》き用《よう》） …… 50
大文字《おおもじ》を書《か》いてみよう（右利《みぎき》き用《よう》） …… 51
大文字《おおもじ》をなぞって書《か》いてみよう（左利《ひだりき》き用《よう》） …… 52
大文字《おおもじ》を書《か》いてみよう（左利《ひだりき》き用《よう》） …… 53
小文字《こもじ》をなぞって書《か》いてみよう …… 54
小文字《こもじ》を書《か》いてみよう …… 55
小文字《こもじ》をなぞって書《か》いてみよう（グループ別《べつ》） …… 56
小文字《こもじ》を書《か》いてみよう（グループ別《べつ》） …… 57
かくれているのは何《なに》？（大文字《おおもじ》1） …… 58
かくれているのは何《なに》？（大文字《おおもじ》2） …… 59
かくれているのは何《なに》？（小文字《こもじ》1） …… 60
かくれているのは何《なに》？（小文字《こもじ》2） …… 61
聞《き》こえた文字《もじ》を書《か》いてみよう（大文字《おおもじ》） …… 62
聞《き》こえた文字《もじ》を書《か》いてみよう（小文字《こもじ》） …… 63

チェック

全部《ぜんぶ》書《か》けるかチェックしよう …… 64

2 フォニックスと単語《たんご》

step1 フォニックスと母音《ぼいん》

フォニックスって何《なに》？ …… 66
基本《きほん》の母音《ぼいん》を覚《おぼ》えよう …… 67

step2 単語《たんご》の読《よ》み書《か》き1

子音《しいん》の発音《はつおん》（1） …… 68
子音《しいん》の発音《はつおん》（2） …… 70
子音《しいん》の発音《はつおん》（3） …… 72

step3 単語《たんご》の読《よ》み書《か》き2

文字《もじ》をつないで単語《たんご》を読《よ》もう（1） …… 74
文字《もじ》をつないで単語《たんご》を読《よ》もう（2） …… 76
文字《もじ》をつないで単語《たんご》を読《よ》もう（3） …… 78
文字《もじ》をつないで単語《たんご》を読《よ》もう（4） …… 80
文字《もじ》をつないで単語《たんご》を読《よ》もう（5） …… 82
文字《もじ》をつないで単語《たんご》を読《よ》もう（6） …… 84
子音《しいん》と子音《しいん》をつないで読《よ》む …… 86
母音《ぼいん》から始《はじ》まる単語《たんご》 …… 88

step4 音《おん》と文字《もじ》をつなげる

絵《え》が表《あらわ》す単語《たんご》を書《か》いてみよう（1） …… 90
単語《たんご》が表《あらわ》す絵《え》を選《えら》ぼう（1） …… 92
単語《たんご》と絵《え》をつなごう（1） …… 93
聞《き》こえた順《じゅん》に進《すす》もう（1） …… 94
聞《ざ》こえた順《じゅん》に点《くん》をつなごう（1） …… 95
絵《え》が表《あらわ》す単語《たんご》を書《か》いてみよう（2） …… 96
単語《たんご》が表《あらわ》す絵《え》を選《えら》ぼう（2） …… 98
単語《たんご》と絵《え》をつなごう（2） …… 99
聞《き》こえた順《じゅん》に進《すす》もう（2） …… 100
聞《き》こえた順《じゅん》に点《てん》をつなごう（2） …… 101
絵《え》が表《あらわ》す単語《たんご》を書《か》いてみよう（3） …… 102
単語《たんご》が表《あらわ》す絵《え》を選《えら》ぼう（3） …… 104
単語《たんご》と絵《え》をつなごう（3） …… 105
聞《き》こえた順《じゅん》に進《すす》もう（3） …… 106
聞《き》こえた順《じゅん》に点《てん》をつなごう（3） …… 107

絵《え》が表《あらわ》す単語《たんご》を書《か》いてみよう（4） …… 108
単語《たんご》が表《あらわ》す絵《え》を選《えら》ぼう（4） …… 110
単語《たんご》と絵《え》をつなごう（4） …… 111
聞《き》こえた順《じゅん》に進《すす》もう（4） …… 112
聞《き》こえた順《じゅん》に点《てん》をつなごう（4） …… 113
絵《え》が表《あらわ》す単語《たんご》を書《か》いてみよう（5） …… 114
単語《たんご》が表《あらわ》す絵《え》を選《えら》ぼう（5） …… 116
単語《たんご》と絵《え》をつなごう（5） …… 117
聞《き》こえた順《じゅん》に進《すす》もう（5） …… 118
聞《き》こえた順《じゅん》に点《てん》をつなごう（5） …… 119

step5 音《おん》と単語《たんご》がつながる

単語《たんご》を読《よ》もう（1） …… 120
単語《たんご》を読《よ》もう（2） …… 122
聞《き》こえた単語《たんご》はどれ？（1） …… 124
聞《き》こえた単語《たんご》はどれ？（2） …… 126
単語《たんご》を探《さが》そう（大文字《おおもじ》） …… 128
単語《たんご》を探《さが》そう（小文字《こもじ》） …… 129

チェック

出《で》てきた単語《たんご》をチェックしよう …… 130

付録《ふろく》 ローマ字《じ》

ローマ字《じ》の法則《ほうそく》を見《み》てみよう …… 132
ローマ字表《じひょう》をなぞってみよう（1） …… 134
ローマ字表《じひょう》をなぞってみよう（2） …… 136
単語《たんご》を書《か》いてみよう …… 137
つまる音《おん》、のばす音《おん》を書《か》いてみよう …… 138
自分《じぶん》の名前《なまえ》を書《か》いてみよう …… 139
都道府県名《とどうふけんめい》の書《か》き方《かた》 …… 140
自分《じぶん》の住所《じゅうしょ》を書《か》いてみよう …… 141
パソコンでローマ字変換《じへんかん》をしよう …… 142
どのキーを使《つか》う？ …… 143

ドリルを始《はじ》める前《まえ》に

ドリルを始《はじ》める前《まえ》に、この準備体操《じゅんびたいそう》をやろう。ビジョントレーニングという体操《たいそう》で、絵《え》や文字《もじ》を目《め》で追《お》いやすくなり、頭《あたま》がよく働《はたら》くようになるよ。

1 キョロキョロ運動《うんどう》

親指《おやゆび》を立《た》てて、つめだけを見《み》るようにして、目《め》をキョロキョロ動《うご》かしてみよう。顔《かお》（頭《あたま》）はできるだけ動《うご》かさないで、目《め》だけを動《うご》かすよ。顔《かお》が動《うご》いてしまう人《ひと》は、目《め》が少《すこ》し動《うご》きにくくなっているんだね。練習《れんしゅう》をすると、少《すこ》しずつできるようになってくるので、無理《むり》をせず少《すこ》しずつやってみよう。

1. 円《えん》をえがこう

利《き》き手《て》の親指《おやゆび》を立《た》てて、顔《かお》の周《まわ》りでぐるぐる円《えん》をえがくように動《うご》かすよ。顔《かお》はできるだけ動《うご》かさないで、目《め》だけで親指《おやゆび》のつめを追《お》うよ。

2. 線《せん》をえがこう

利《き》き手《て》の親指《おやゆび》を立《た》てて、顔《かお》の前《まえ》で左《さ》右《ゆう》に動《うご》かすよ。1と同《おな》じように、目《め》だけで親指《おやゆび》のつめを追《お》うよ。うまくできたら、上下《じょうげ》やななめにも動《うご》かしてみよう。

3. 左右《さゆう》を見《み》よう

両《りょう》うでをななめ前《まえ》に少《すこ》し開《ひら》くようにのばし、両手《りょうて》の親指《おやゆび》を立《た》てて、左右《さゆう》のつめを交互《こうご》に見《み》よう。

4. 上下《じょうげ》を見《み》よう

絵《え》のように、右手《みぎて》を上《うえ》、左手《ひだりて》を下《した》にして、上下《じょうげ》の親指《おやゆび》のつめを交互《こうご》に見《み》よう。右手《みぎて》と左手《ひだりて》は反対《はんたい》でもいいよ。

5. ななめに見《み》よう

絵《え》のように、右手《みぎて》を右上《みぎうえ》、左手《ひだりて》を左下《ひだりした》にして、親指《おやゆび》のつめを交互《こうご》に見《み》よう。できたら、右手《みぎて》と左手《ひだりて》を反対《はんたい》にしてやってみよう。

6. 寄《よ》り目《め》にしよう

利《き》き手《て》の親指《おやゆび》を立《た》てて、鼻《はな》から前《まえ》のほうに40cmぐらい離《はな》れたところから、少《すこ》しずつ鼻《はな》に近《ちか》づけていくよ。親指《おやゆび》のつめをずっと見《み》ながら、寄《よ》り目《め》にしていこう。

2 ブロックストリングス

この本《ほん》を目《め》の少《すこ》し下《した》で水平《すいへい》に持《も》って、右《みぎ》ページの●▲■マークを、近《ちか》いものから遠《とお》いものへ順番《じゅんばん》に見《み》ていこう。次《つぎ》に、遠《とお》いものから近《ちか》いものへ順番《じゅんばん》に見《み》ていこう。本《ほん》の文字《もじ》など近《ちか》くのものをしっかり見《み》る力《ちから》を養《やしな》うよ。

正《ただ》しい見《み》え方《かた》

線《せん》が●▲■マークの中心《ちゅうしん》で交差《こうさ》して見《み》えていれば、正《ただ》しい見《み》え方《かた》だよ。

●を見《み》ているとき

▲を見《み》ているとき

■を見《み》ているとき

よくない見《み》え方《かた》

片方《かたほう》の線《せん》が途中《とちゅう》から見《み》えないときや、線《せん》が１本《ぽん》しか見《み》えないとき、マークが２つに見《み》えるときは、よくない見《み》え方《かた》だよ。

よくない見《み》え方《かた》のときは、本《ほん》を少《すこ》し顔《かお》からはなしてやってみよう。

片方《かたほう》の線《せん》が途中《とちゅう》から見《み》えない

線《せん》が１本《ぽん》しか見《み》えない

マークが２つに見《み》える

※正しい見え方ができないときは、視力に問題がある場合もあるため、眼科医や専門機関にチェックしてもらうことをおすすめします。

3 線《せん》なぞり

アルファベットを書《か》くための準備運動《じゅんびうんどう》だよ。

線《せん》の上《うえ》を、指《ゆび》で左《ひだり》から右《みぎ》へなぞってみよう。できたら、右《みぎ》から左《ひだり》へもなぞってみよう。

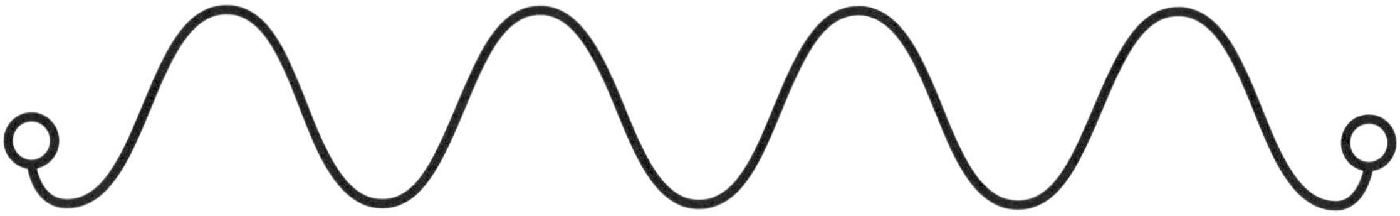

線《せん》と線《せん》の間《あいだ》を、指《ゆび》で左《ひだり》から右《みぎ》へなぞってみよう。できたら、右《みぎ》から左《ひだり》へもなぞってみよう。
鉛筆《えんぴつ》でもやってみよう。はみ出《だ》さないようにね。

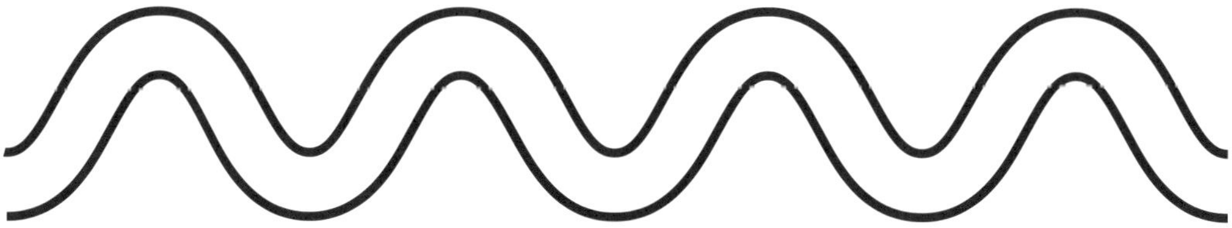

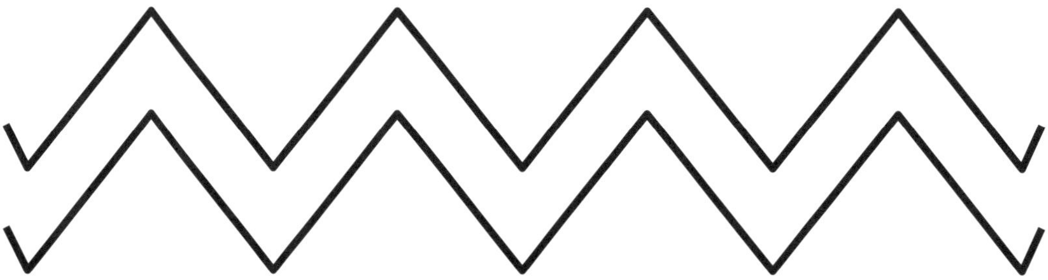

START（スタート）からGOAL（ゴール）まで、指《ゆび》で線《せん》をなぞってみよう。

4 なぞって点《てん》てんレース

●(点《てん》)にさわらないように、鉛筆《えんぴつ》で左《ひだり》から右《みぎ》へ点線《てんせん》をなぞろう。

1

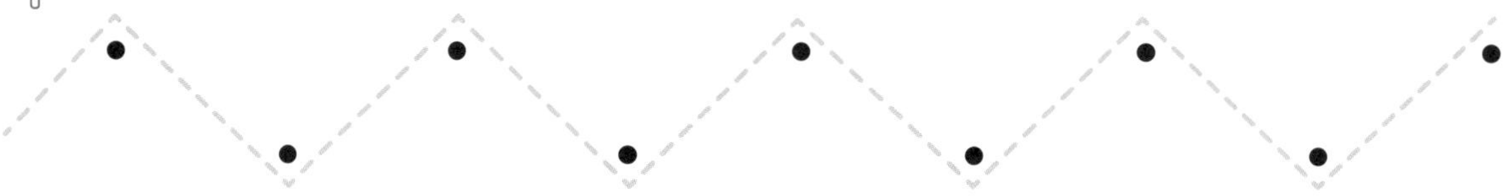

2

3

4

5

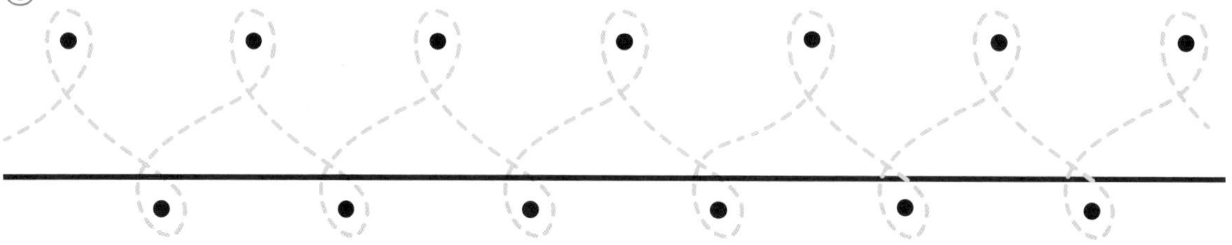

5 なぞらないで点《てん》てんレース

左《ひだり》ページと同《おな》じように、●（点《てん》）にさわらないように鉛筆《えんぴつ》で線《せん》を書《か》いてみよう。

1

2

3

4

5

6 線《せん》めいろ

それぞれのマークから同《おな》じマークまで、上《うえ》から下《した》へ、下《した》から上《うえ》へと指《ゆび》で線《せん》をたどってみよう。できたら、指《ゆび》を使《つか》わず、目《め》だけでたどってみよう。顔《かお》は動《うご》かさないよ。

1 アルファベット

日本語《にほんご》を表《あらわ》すには、ひらがなやカタカナ、漢《かん》字《じ》を使《つか》うように、英語《えいご》を表《あらわ》すには、アルファベットという文字《もじ》を使《つか》うよ。
アルファベットは全部《ぜんぶ》で26文字《もじ》。それぞれに大文字《おおもじ》と小文字《こもじ》があるよ。
さっそく、アルファベットを学習《がくしゅう》していこう。

大《おお》文《も》字《じ》仲《なか》間《ま》探《さが》し（1） A～M

左右《さゆう》で同《おな》じ文字《もじ》を見《み》つけて○で囲《かこ》もう。全部《ぜんぶ》の仲間《なかま》を何分何秒《なんぷんなんびょう》で見《み》つけられるかな？

分《ふん》　　　秒《びょう》

A～M

M	M
E	A
J	F
H	E
C	C
L	K
A	G
D	D
I	I
B	H
G	L
K	B
F	J

大文字《おおもじ》仲間《なかま》探《さが》し(2)　N～Z

左右《さゆう》で同《おな》じ文字《もじ》を見《み》つけて○で囲《かこ》もう。全部《ぜんぶ》の仲間《なかま》を何分何秒《なんぷんなんびょう》で見《み》つけられるかな？

　　分《ふん》　　秒《びょう》

N～Z

N　O	P
V	Q
R	U
T	W
Q	S
Z	Y
P	R
U	V
X	N
W	Z
Y	X
S	O
	T

大文字《おおもじ》仲間《なかま》探《さが》し(3) A～M

左右《さゆう》で同《おな》じ文字《もじ》を見《み》つけて○で囲《かこ》もう。全部《ぜんぶ》の仲間《なかま》を何分何秒《なんぷんなんびょう》で見《み》つけられるかな？

分《ふん》　秒《びょう》

A～M

M	M
A	E
F	J
E	H
C	C
K	L
G	A
D	D
I	I
H	B
L	G
B	F
J	K

大文字《おおもじ》仲間《なかま》探《さが》し(4)　N～Z

左右《さゆう》で同《おな》じ文字《もじ》を見《み》つけて○で囲《かこ》もう。全部《ぜんぶ》の仲間《なかま》を何分何秒《なんぷんなんびょう》で見《み》つけられるかな？

　　分《ふん》　　秒《びょう》

N～Z

P	N
Q	O
U	V
W	R
S	T
Y	Q
R	Z
V	P
N	U
Z	X
X	W
O	Y
T	S

小《こ》文《も》字《じ》仲《なか》間《ま》探《さが》し（1） a～m

左右《さゆう》で同《おな》じ文字《もじ》を見《み》つけて○で囲《かこ》もう。全部《ぜんぶ》の仲間《なかま》を何《なん》分《ぷん》何《なん》秒《びょう》で見《み》つけられるかな？

分《ふん》　　秒《びょう》

a～m

l b e a g h k c d i f j m	j e i m f b g c k d h a l

小《こ》文《も》字《じ》仲《なか》間《ま》探《さが》し(2) n〜z

左右《さゆう》で同《おな》じ文字《もじ》を見《み》つけて○で囲《かこ》もう。全部《ぜんぶ》の仲間《なかま》を何分何秒《なんぷんなんびょう》で見《み》つけられるかな？

分《ふん》　　秒《びょう》

n〜z

n t
w x
q
s u
r o
p z
y
v

v
o q
z
y
n p
t
u
s w
x r

小《こ》文《も》字《じ》仲《なか》間《ま》探《さが》し(3)　a〜m

左右《さゆう》で同《おな》じ文字《もじ》を見《み》つけて○で囲《かこ》もう。全部《ぜんぶ》の仲間《なかま》を何分何秒《なんぷんなんびょう》で見《み》つけられるかな？

分《ふん》　　秒《びょう》

a〜m

j　e
i
m
f
b　g
c
k　d
h
l
a

---

l
b
e
a
g
h
k
c　d
i
j
f
m

小《こ》文《も》字《じ》仲《なか》間《ま》探《さが》し(4)　n〜z

左右《さゆう》で同《おな》じ文字《もじ》を見《み》つけて○で囲《かこ》もう。全部《ぜんぶ》の仲間《なかま》を何分何秒《なんぷんなんびょう》で見《み》つけられるかな？

分《ふん》　　秒《びょう》

n〜z

v	n
o	t
q	x
z	w
y	q
p	u
n	s
t	r
u	o
s	z
w	p
x	y
r	v

単語探《たんごさが》し(1)

下《した》から、「dog」「pen」と同《おな》じものをそれぞれ探《さが》してみよう。いくつ見《み》つけられるかな?

dog (　　　)個《こ》　　pen (　　　)個《こ》

bog　dag　pan

dog

pen

ban　dog

dog

ben　deg　pen

pen

dob

bog　dep

dog

dag　ten　dog

pen　pan

正《ただ》しくできたら、ここに○を書《か》き入《い》れよう!

できた!

答《こた》え➡ dog » 5個《こ》　pen » 4個《こ》

単語探《たんごさが》し(2)

下《した》から、「cat」「egg」と同《おな》じものをそれぞれ探《さが》してみよう。いくつ見《み》つけられるかな？

cat (　　　)個《こ》　　egg (　　　)個《こ》

cat　dat

egp　mat

epp　cat

egg

agg

cot

egg

cet

agg　cai

egg

cat

seg　egg

cgg

答《こた》え➡ cat » 3個《こ》　egg » 4個《こ》

できた！

単《たん》語《ご》探《さが》し(3)

下《した》から、「not」「hot」と同《おな》じものをそれぞれ探《さが》してみよう。いくつ見《み》つけられるかな？

not (　　　) 個《こ》　　hot (　　　) 個《こ》

tot

not

hut

nut

nit

hot

hat

nat

not

haf

naf

hot

hit

nif

nof

not

hot

hof

not

できた！ □

答《こた》え➡ not » 4個《こ》　hot » 3個《こ》

単《たん》語《ご》探《さが》し(4)

下《した》から、「big」「foot」と同《おな》じものをそれぞれ探《さが》してみよう。いくつ見《み》つけられるかな？

big（　　）個《こ》　　foot（　　）個《こ》

bad　feet
beg　foon
foot
big　fug
bet
foot　fat
bed
faat　big
fig
dig　bit
fot
big
foot　toot
big　foot

答《こた》え➡big»4個《こ》　foot»4個《こ》

できた！

線《せん》つなぎ（1）

□の中《なか》にあるものと同《おな》じものを下《した》から1つずつ見《み》つけて、線《せん》でつなごう。

this　you　what　it　like

thes　whot　thiis

ilt　yon

thas　this

lake　vhat　et

vou　mhat　likg

what　you　it

like　lika

線《せん》が文字《もじ》に重《かさ》ならないように、
すき間《ま》をすりぬけられるかな？

できた！

線《せん》つなぎ(2)

□の中《なか》にあるもの と同《おな》じものを下《した》から1つずつ見《み》つけて、線《せん》でつなごう。

one	two	three	four	five
●	●	●	●	●

tive thnee wto

foru eon tmo fiwe

imo five fwo

fine oue

neo two

four tnnee

one

three frou fuor

できた！

線《せん》つなぎ(3)

□の中《なか》にあるものと同《おな》じものを下《した》から1つずつ見《み》つけて、線《せん》でつなごう。

cat	dog	bird	pig	fish
●	●	●	●	●

fish　　can　　dig

oat　　doj　　fist　　fisn

dog　　fash　　bog

cat

pig　　bjrd

big　　bird　　dirb

できた！ □

線《せん》つなぎ（4）

□の中《なか》にあるものと同《おな》じものを下《した》から1つずつ見《み》つけて、線《せん》でつなごう。

Sunday	Monday	Tuesday

Thursday

Tuesday

Friday

Monpay

Teusday

Wednesday

Sunday

Sanday

Sunbay

Teusbay

Saturday

Monday

Manday

できた！

音声《おんせい》サイトへ

アルファベット表《ひょう》

AaからZzまで、アルファベットの大文字《おおもじ》と小文字《こもじ》が並《なら》んでいるよ。音声《おんせい》に合《あ》わせて、順番《じゅんばん》に指《ゆび》でタッチしながら、まねをして言《い》ってみよう。

1 Aa 大文字《おおもじ》 小文字《こもじ》	2 Bb	3 Cc	4 Dd	5 Ee	6 Ff
7 Gg	8 Hh	9 Ii	10 Jj	11 Kk	12 Ll
13 Mm	14 Nn	15 Oo	16 Pp	17 Qq	18 Rr
19 Ss	20 Tt	21 Uu	22 Vv	23 Ww	24 Xx
25 Yy	26 Zz				

大文字《おおもじ》と小文字《こもじ》は、それぞれ形《かたち》が同《おな》じものも、
あまり似《に》ていないものもあるね。
付録《ふろく》にもアルファベット表《ひょう》があるので、それも
使《つか》って、AaからZzまでの順番《じゅんばん》を覚《おぼ》えよう。
歌《うた》で覚《おぼ》えるのもいいね。（⇨P43）

できた！

ペア迷路《めいろ》

左《ひだり》ページのアルファベット表《ひょう》を見《み》ながら、Aaから Zzまで、大文字《おおもじ》→小文字《こもじ》の順《じゅん》に指《ゆび》でたどってゴールまで行《い》こう。縦《たて》・横《よこ》・ななめに進《すす》めるよ。

START《スタート》

左《ひだり》ページのアルファベット表《ひょう》と同《おな》じ順《じゅん》に進《すす》むということだよ

A	a	D	G	p	z	l	s	H	S
i	l	B	u	k	L	q	M	B	V
F	b	w	A	K	y	h	m	u	v
d	C	k	j	l	C	N	o	U	W
c	O	l	D	J	m	n	t	w	m
B	D	d	Z	x	i	O	l	T	X
x	t	E	c	I	u	E	o	s	x
m	F	e	h	X	p	P	S	Y	r
f	n	H	a	Q	I	j	r	y	Z
G	g	k	A	s	q	R	g	W	z

GOAL《ゴール》

できた！

b、d、p、qの形《かたち》を作《つく》ろう

小文字《こもじ》のbとdとpとqは、形《かたち》が似《に》ていて、まぎらわしいね。アルファベットの名前《なまえ》を言《い》いながら、絵《え》のまねをして、指《ゆび》でそれぞれの形《かたち》を作《つく》ってみよう。

ビー

b

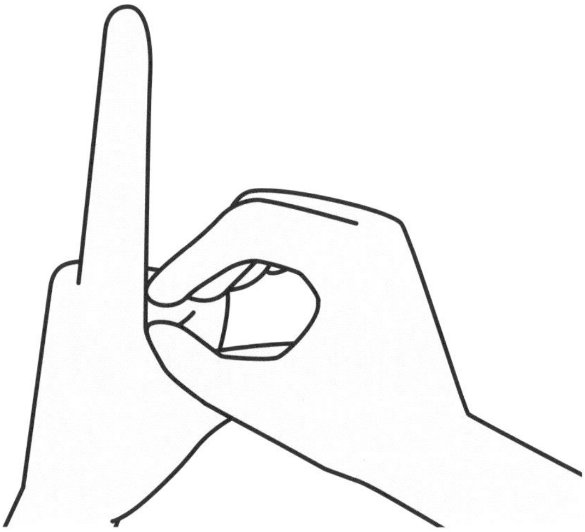

ディー

d

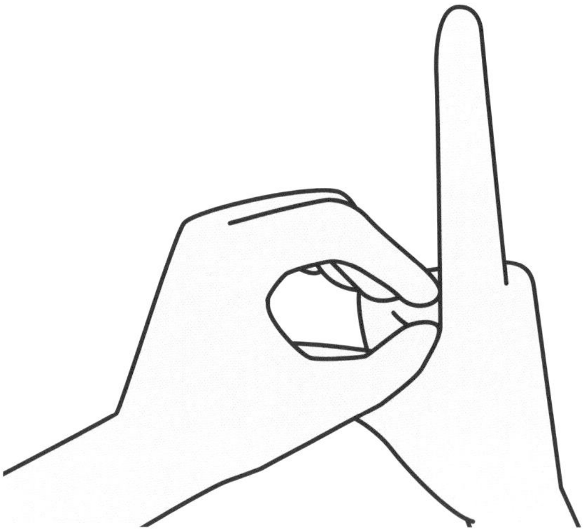

ピー

p

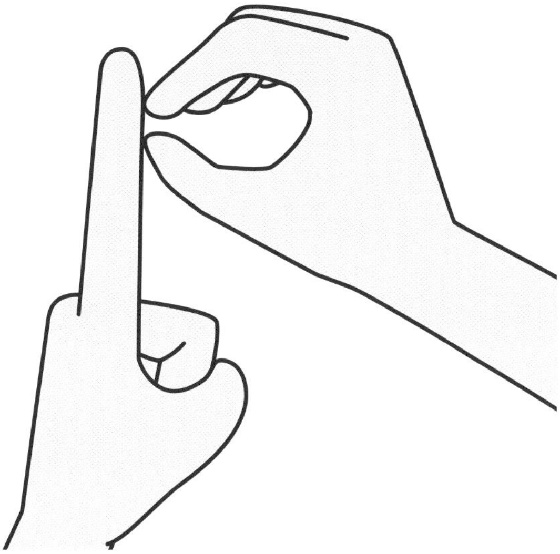

キュー

q

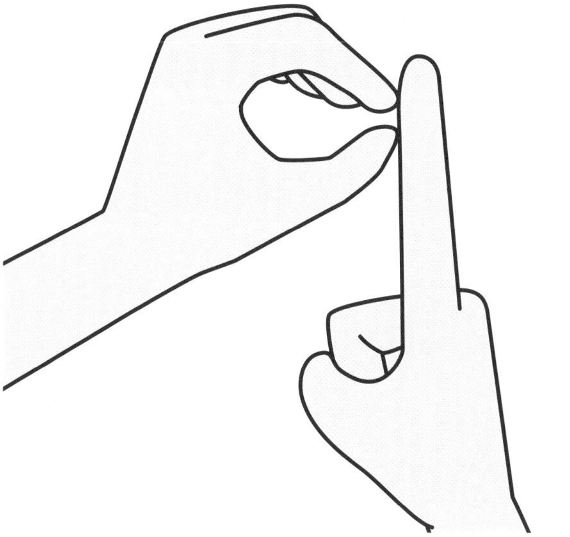

続《つづ》けてやってみよう

左《ひだり》から順《じゅん》に次々《つぎつぎ》に指《ゆび》を変《か》えながら、アルファベットを声《こえ》に出《だ》して読《よ》もう。

p → b → d → p → q → d → q → p → b → d

できた！

音声《おんせい》サイトへ

ABCタッチ(大文字《おおもじ》)

アルファベット順《じゅん》に音声《おんせい》が流《なが》れるよ。聞《き》こえた順《じゅん》にタッチしよう。できるようになるまで、付録《ふろく》のアルファベット表《ひょう》を見《み》ながら何度《なんど》もやってみよう。

1 A B　E D F　C	2 H　M I K G J　L
3 Q　N P　R S　O	4 Y V　U X Z T　W

できた!

音声《おんせい》サイトへ

どちらが聞《き》こえた？（大文字《おおもじ》）

音声《おんせい》を聞《き》いて、聞《き》こえたほうのアルファベットを〇で囲《かこ》もう。

1 A E

2 W O

3 K T

4 B G

5 I Y

6 L U

7 P Q

8 M N

9 S X

10 J Z

11 R O

12 H F

答《こた》え➡ 1»A 2»O 3»T 4»G 5»I 6»L 7»Q 8»N 9»S 10»J 11»R 12»F

音声《おんせい》サイトへ

abcタッチ（小文字《こもじ》）

アルファベット順《じゅん》に音声《おんせい》が流《なが》れるよ。聞《き》こえた順《じゅん》にタッチしよう。できるようになるまで、付録《ふろく》のアルファベット表《ひょう》を見《み》ながら何度《なんど》もやってみよう。

1 b e d f a c	2 h g l j k i m
3 n p q s o r	4 z y t x w v u

できた！

音声《おんせい》サイトへ

どちらが聞《き》こえた？（小文字《こもじ》）

音声《おんせい》を聞《き》いて、聞《き》こえたほうのアルファベットを○で囲《かこ》もう。

1　b　d

2　r　a

3　i　e

4　z　j

5　l　m

6　f　s

7　c　p

8　g　v

9　x　h

10　o　u

11　q　k

12　n　f

答《こた》え➡ 1»d　2»r　3»e　4»z　5»m　6»s　7»c　8»v　9»h　10»u　11»k　12»n

音声《おんせい》サイトへ

聞《き》こえた順《じゅん》にタッチ（大文字《おおもじ》）

Aから Zのアルファベットが、ばらばらの順番《じゅんばん》で流《なが》れるよ。聞《き》こえた順《じゅん》にタッチしよう。

A	B	C	D	E	F
G	H	I	J	K	L
M	N	O	P	Q	R
S	T	U	V	W	X
Y	Z				

答《こた》え➡ C»M»Y»S»D»H»X»W»F»O»U»R»Q»
N»A»T»Z»P»K»G»E»L»J»B»I»V

できた！

音声《おんせい》サイトへ

聞《き》こえた順《じゅん》にタッチ（小文字《こもじ》）

aからzのアルファベットが、ばらばらの順番《じゅんばん》で流《なが》れるよ。聞《き》こえた順《じゅん》にタッチしよう。

a	b	c	d	e	f
g	h	i	j	k	l
m	n	o	p	q	r
s	t	u	v	w	x
y	z				

答《こた》え➡ d»w»f»v»m»s»t»q»c»z»j»a»y»
b»e»k»u»x»r»g»o»n»i»h»l»p

できた！

音声《おんせい》サイトへ

Aa から Zz を言《い》ってみよう

音声《おんせい》に続《つづ》けて、声《こえ》に出《だ》してアルファベットを読《よ》んでみよう。

Aa Bb Cc Dd Ee Ff

Gg Hh Ii Jj Kk Ll

Mm Nn Oo Pp Qq Rr

Ss Tt Uu Vv Ww Xx

Yy Zz

口《くち》をしっかり動《うご》かして、
はっきり大《おお》きな声《こえ》で言《い》おう!

できた!

🔊 音声《おんせい》サイトへ

ABCソングを歌《うた》ってみよう

ABCソングを、音声《おんせい》に合《あ》わせて歌《うた》ってみよう。

はじめは、下《した》の歌詞《かし》を
指《ゆび》でタッチしながら歌《うた》おう！

A, B, C, D, E, F, G,
(a, b, c, d, e, f, g,)

H, I, J, K, L, M, N, O, P,
(h, i, j, k, l, m, n, o, p,)

早口《はやくち》になるけれど、
それぞれしっかり発音《はつおん》！

Q, R, S, T, U, V,
(q, r, s, t, u, v,)

W, X, Y and Z.
(w, x, y and z.)

Now I know my ABCs.
（もうABCの歌《うた》を知《し》ってるよ。）

Next time won't you sing
with me?
（今度《こんど》は私《わたし》といっしょに歌《うた》おうよ。）

できた！

音声《おんせい》サイトへ

上《じょう》手《ず》にまねして言《い》えるかな（1）

音声《おんせい》を聞《き》いて、続《つづ》けて言《い》ってみよう。

1	S	E	H	できた！
2	G	P	F	できた！
3	X	I	R	できた！
4	a	y	m	できた！
5	o	j	k	できた！
6	v	b	u	できた！

音声《おんせい》サイトへ

上手《じょうず》にまねして言《い》えるかな(2)

音声《おんせい》を聞《き》いて、今度《こんど》は2〜4文字《もじ》を続《つづ》けて言《い》ってみよう。

聞《き》いたことがある
言葉《ことば》があるかも!

1 AI am できた!

2 DVD com できた!

3 SNS ok できた!

4 IT pc できた!

5 MVP txt できた!

6 WHO pqbd できた!

アルファベットランダム読《よ》み(大文字《おおもじ》)

アルファベットがばらばらに並《なら》んでいるよ。左《ひだり》から右《みぎ》へ順番《じゅんばん》に、声《こえ》に出《だ》して読《よ》んでみよう。できたら、上《うえ》から下《した》にも声《こえ》に出《だ》して読《よ》んでみよう。

1 →

2 ↓

P	G	T	K	E	I
S	E	O	C	B	A
L	Z	A	S	W	H
Q	N	J	F	Y	M
I	C	R	V	D	X
U	D	G	M	K	Q

できた!

アルファベットランダム読《よ》み（小文字《こもじ》）

アルファベットがばらばらに並《なら》んでいるよ。左《ひだり》から右《みぎ》へ順番《じゅんばん》に、声《こえ》に出《だ》して読《よ》んでみよう。できたら、上《うえ》から下《した》にも声《こえ》に出《だ》して読《よ》んでみよう。

1 →

2 ↓

l	k	r	q	n	t
f	x	c	f	a	j
n	u	p	i	g	d
j	b	y	b	s	m
o	h	r	e	w	h
v	t	l	z	p	d

できた！ □

音声《おんせい》サイトへ

並《なら》んだ文字《もじ》を読《よ》んでみよう（大文字《おおもじ》）

大文字《おおもじ》が並《なら》んでいるよ。声《こえ》に出《だ》して読《よ》んでみよう。読《よ》んだあとに音声《おんせい》を聞《き》いて、正《ただ》しく読《よ》めたか確認《かくにん》しよう。

先《さき》に自分《じぶん》で読《よ》んでみるよ。
音声《おんせい》はそのあと聞《き》いて確認《かくにん》だよ。

ここにも、聞《き》いたことが
ある言葉《ことば》がありそうだね！

1　CD　EU　できた！□

2　UK　IQ　できた！□

3　ATM　NHK　できた！□

4　USA　GPS　できた！□

5　LED　JPY　できた！□

6　PPAP　HTML　できた！□

音声《おんせい》サイトへ

並《なら》んだ文字《もじ》を読《よ》んでみよう（小文字《こもじ》）

小文字《こもじ》が並《なら》んでいるよ。声《こえ》に出《だ》して読《よ》んでみよう。読《よ》んだあとに音声《おんせい》を聞《き》いて、正《ただ》しく読《よ》めたか確認《かくにん》しよう。

1	hr	vs	できた！ □
2	zip	etc	できた！ □
3	esp	fwd	できた！ □
4	btw	gtg	できた！ □
5	qpdb	http	できた！ □
6	asap	approx	できた！ □

★左利《ひだりき》きの人《ひと》は
52ページへ

右利《みぎき》き用《よう》

大文字《おおもじ》をなぞって書《か》いてみよう

Aからzまで、鉛筆《えんぴつ》でなぞって書《か》いてみよう。●（スタートポイント）から書《か》き始《はじ》めるよ。

この本《ほん》を少《すこ》しななめにすると、書《か》きやすいよ！

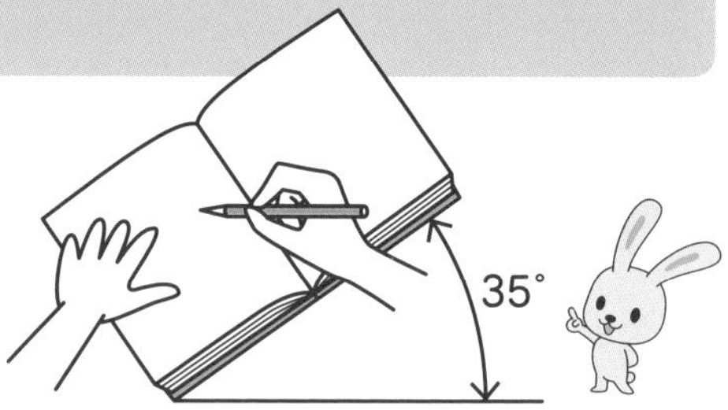

スタートポイント

右《みぎ》利《き》き用《よう》

大文字《おおもじ》を書《か》いてみよう

左《ひだり》ページと上《うえ》のお手本《てほん》を見《み》ながら、AからZまで、なぞらないで書《か》いてみよう。●（スタートポイント）から書《か》き始《はじ》めるよ。

A B C D E F G

H I J K L M N

O P Q R S T U

V W X Y Z

★右利《みぎき》きの人《ひと》は
ここはやらなくていいよ。

左利《ひだりき》き用《よう》

大文字《おおもじ》をなぞって書《か》いてみよう

AからZまで、鉛筆《えんぴつ》でなぞって書《か》いてみよう。●（スタートポイント）から書《か》き始《はじ》めるよ。

この本《ほん》を少《すこ》しななめにすると、書《か》きやすいよ！

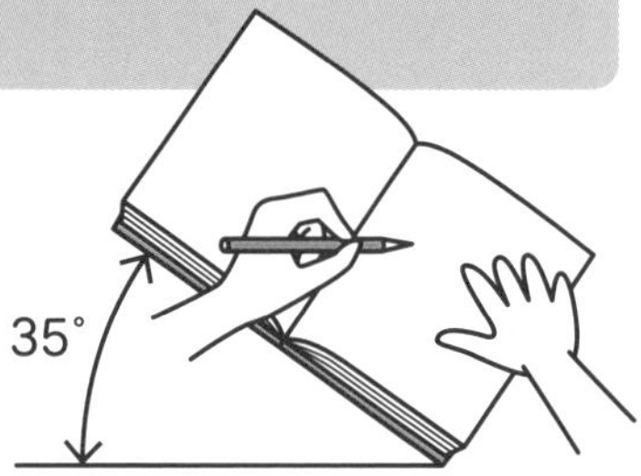

スタートポイント

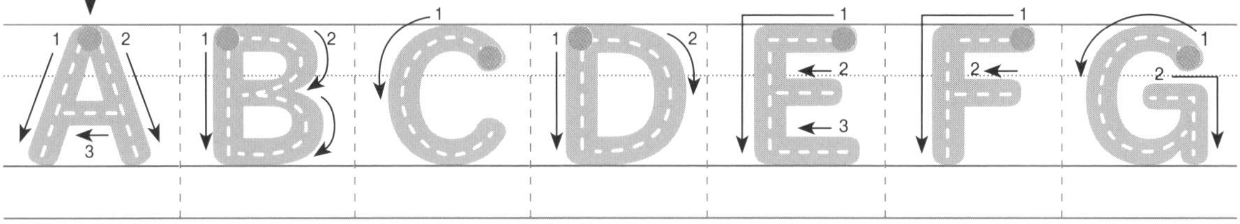

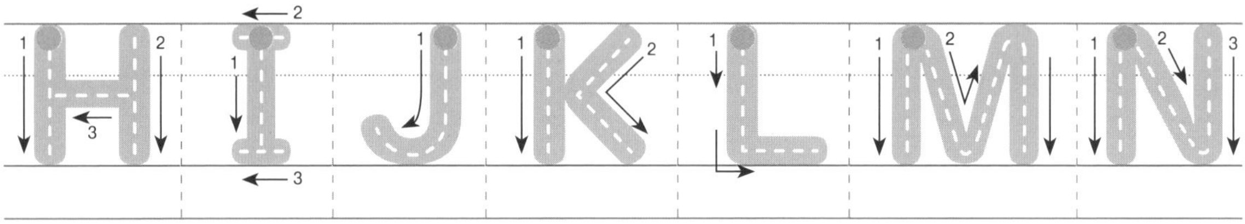

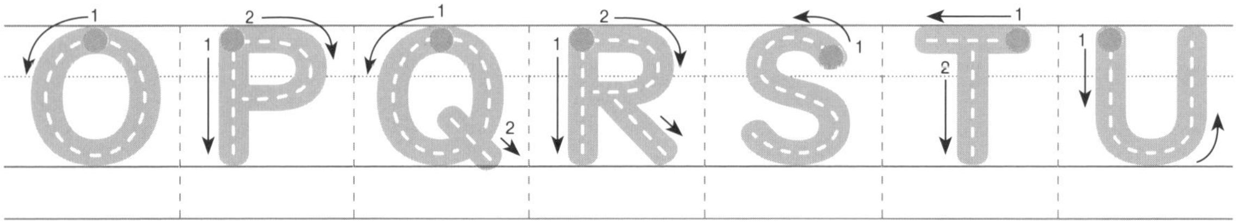

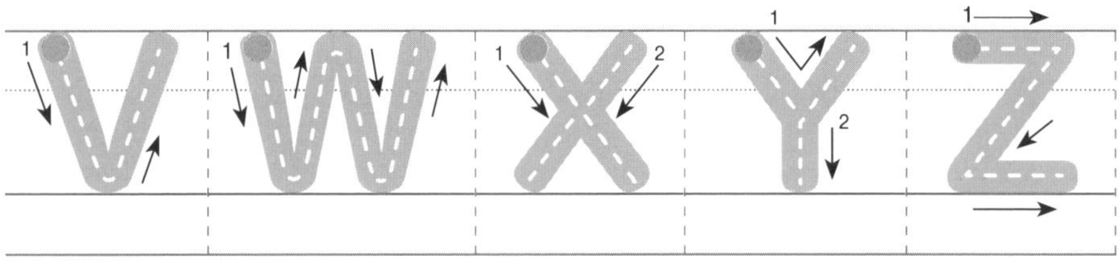

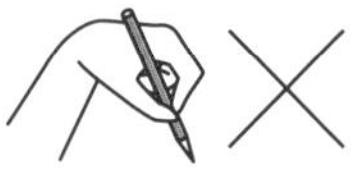

手首《てくび》を曲《ま》げすぎないように！

左《ひだり》利《き》き用《よう》

大文字《おおもじ》を書《か》いてみよう

左《ひだり》ページと上《うえ》のお手本《てほん》を見《み》ながら、AからZまで、なぞらないで書《か》いてみよう。●（スタートポイント）から書《か》き始《はじ》めるよ。

A B C D E F G

H I J K L M N

O P Q R S T U

V W X Y Z

小文字《こもじ》をなぞって書《か》いてみよう

aからzまで、鉛筆《えんぴつ》でなぞって書《か》いてみよう。●（スタートポイント）から書《か》き始《はじ》めるよ。

小文字《こもじ》は、左利《ひだりき》きの人《ひと》も
これで練習《れんしゅう》しよう。

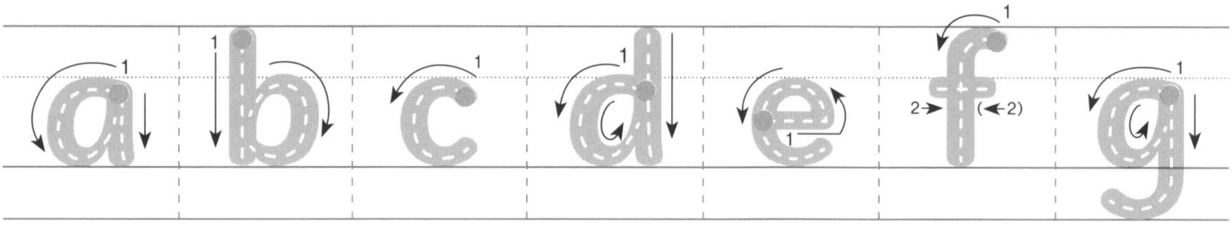

fとtの横《よこ》に引《ひ》く線《せん》は、左利《ひだりき》きの人《ひと》は
右《みぎ》から左《ひだり》が書《か》きやすいよ。

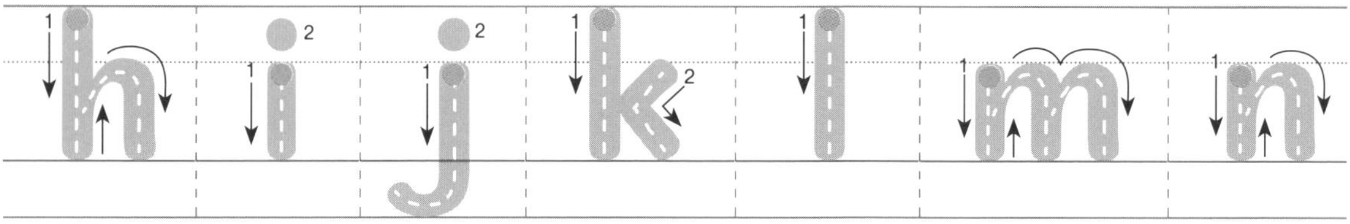

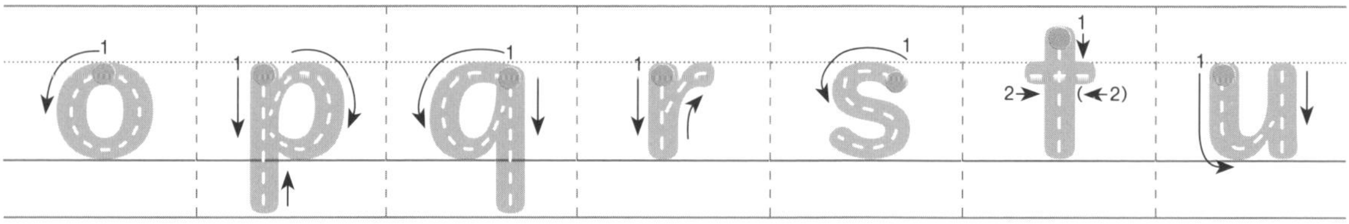

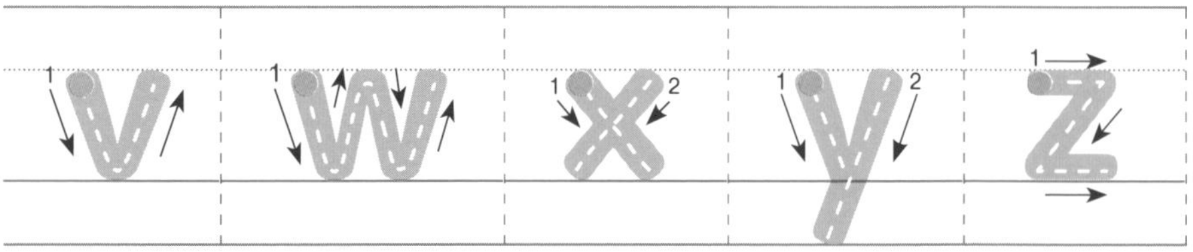

小文字《こもじ》を書《か》いてみよう

左《ひだり》ページと上《うえ》のお手本《てほん》を見《み》ながら、a から z まで、なぞらないで書《か》いてみよう。

●（スタートポイント）から書《か》き始《はじ》めるよ。

a b c d e f g

h i j k l m n

o p q r s t u

v w x y z

小文字《こもじ》をなぞって書《か》いてみよう（グループ別《べつ》）

小文字《こもじ》が、3つのグループに分《わ》かれているよ。グループごとに、なぞって書《か》いてみよう。●（スタートポイント）から書《か》き始《はじ》めるよ。

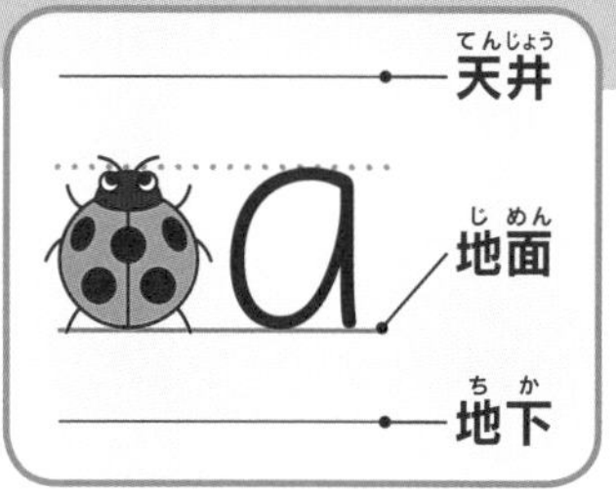

小文字《こもじ》は、地面《じめん》にあるもの、天井《てんじょう》にタッチするもの、地下《ちか》におりるものの3つの仲間《なかま》（グループ）に分《わ》けられるよ。

①てんとう虫《むし》グループ は地面《じめん》（赤《あか》い線《せん》と点線《てんせん》の間《あいだ》）に書《か》くよ。iだけ頭《あたま》の点《てん》が飛《と》び出《で》ているね。

スタートポイント

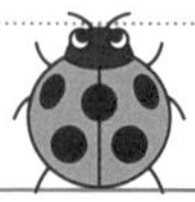
c e a o i n m

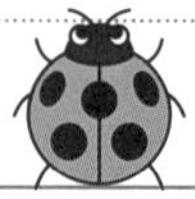
u v w z x r s

②キリングループ は天井《てんじょう》にタッチするよ。tだけは少《すこ》し背《せ》の低《ひく》いキリンだね。

l h b k f d t

③カメレオングループ は地下《ちか》におりるよ。jだけは頭《あたま》の点《てん》が上《うえ》にも飛《と》び出《で》ているね。

g j p q y

小文字《こもじ》を書《か》いてみよう（グループ別《べつ》）

左《ひだり》ページと上《うえ》のお手本《てほん》を見《み》ながら、各《かく》グループの小文字《こもじ》を、なぞらないで書《か》いてみよう。●（スタートポイント）から書《か》き始《はじ》めるよ。

①てんとう虫《むし》グループ

c e a o i n m

u v w z x r s

②キリングループ

l h b k f d t

③カメレオングループ

g j p q y

かくれているのは何《なに》？（大文字《おおもじ》1）

記号《きごう》の後《うし》ろにかくれている1文字《もじ》を、それぞれ下《した》の欄《らん》に書《か》いてみよう。

A B C ▲ E F ★

■ I J ♠ L M N

O ♥ Q R ♦ T U

V ♣ X Y ●

▲ D　★　■　♠

♥　♦　♣　●

答《こた》え➡ ▲»D ★»G ■»H ♠»K ♥»P ♦»S ♣»W ●»Z

かくれているのは何《なに》？（大文字《おおもじ》2）

絵《え》の後《うし》ろにかくれている3〜4文字《もじ》を、それぞれ下《した》の欄《らん》に書《か》いてみよう。

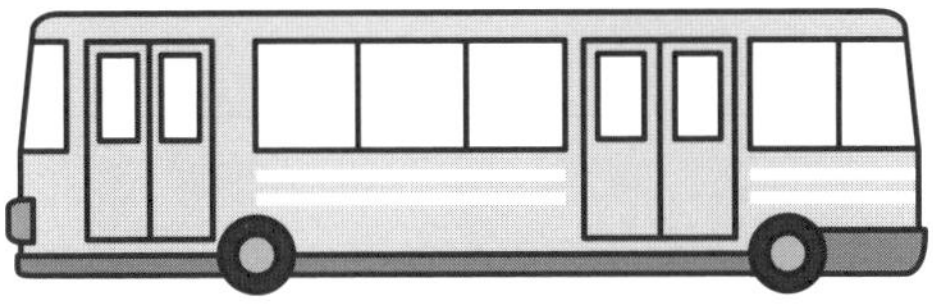 D E F G

H I  N

O 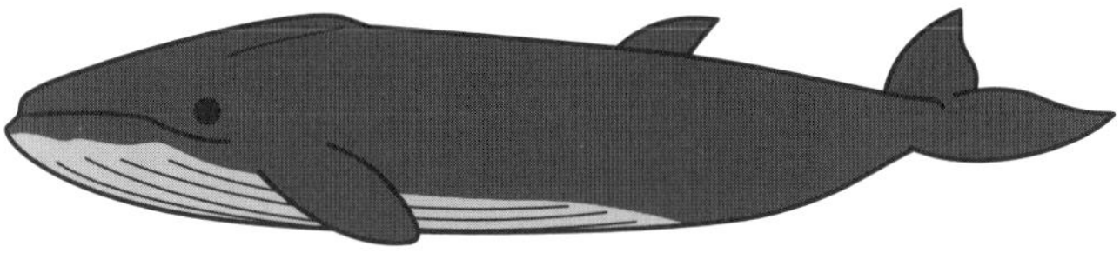 T U

V W 

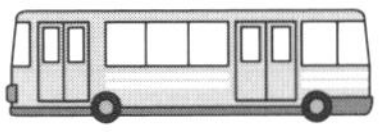

A B C

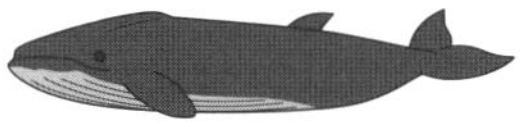

答《こた》え➡  »ABC  »JKLM  »PQRS  »XYZ

かくれているのは何《なに》？（小文字《こもじ》1）

記号《きごう》の後《うし》ろにかくれている1文字《もじ》を、それぞれ下《した》の欄《らん》に書《か》いてみよう。

▲ b c d ★ f g

h i ■ k l m ♠

♥ p q ♦ s t ♣

v w x ● z

▲ a　★　■　♠

♥　♦　♣　●

答《こた》え➡ ▲»a ★»e ■»j ♠»n ♥»o ♦»r ♣»u ●»y

かくれているのは何《なに》？（小文字《こもじ》2）

絵《え》の後《うし》ろにかくれている3〜4文字《もじ》を、それぞれ下《した》の欄《らん》に書《か》いてみよう。

a b c 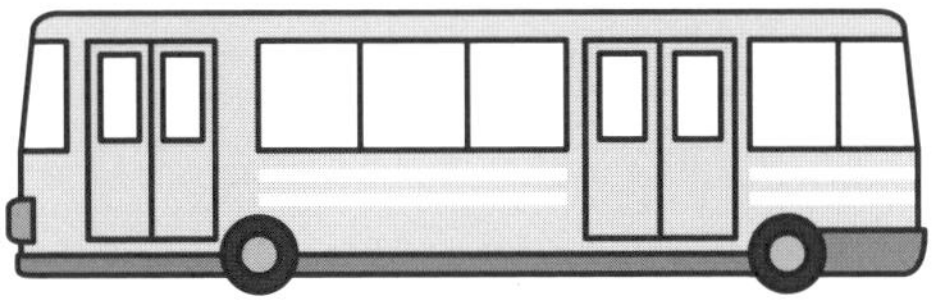 g

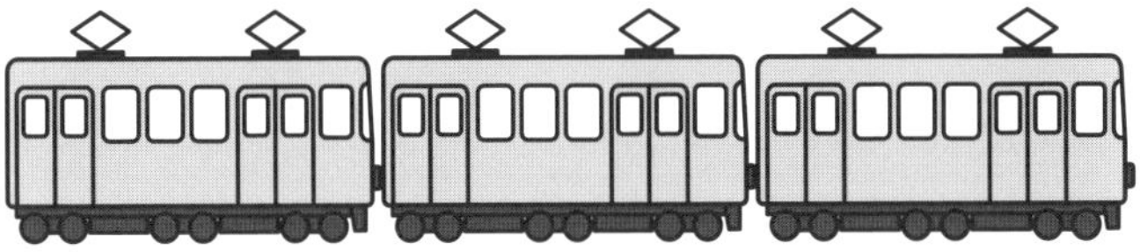 l m n

o 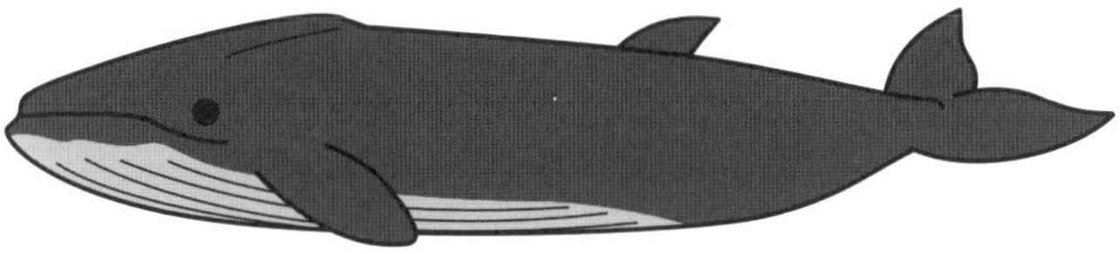 t u

 y z

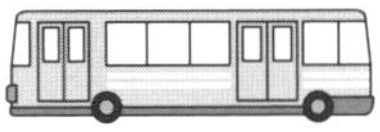

d e f

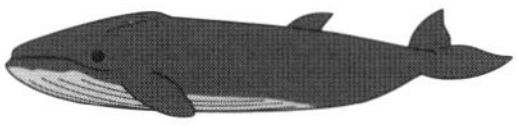

答《こた》え➡  »def  »hijk  »pqrs  »vwx

音声《おんせい》サイトへ

聞《き》こえた文《も》字《じ》を書《か》いてみよう（大文字《おおもじ》）

アルファベット1文字《もじ》が読《よ》まれるよ。聞《き》こえたアルファベットを大文字《おおもじ》で書《か》いてみよう。まちがえたら、もう一度《いちど》聞《き》いて、右《みぎ》の欄《らん》に書《か》き直《なお》そう。

1

2

3

4

5

6

できた！

7

8

9

10

11

12

できた！

答《こた》え➡ 1»E　2»F　3»I　4»N　5»O　6»T
7»U　8»V　9»M　10»H　11»J　12»Z

音声《おんせい》サイトへ

聞《き》こえた文字《もじ》を書《か》いてみよう（小文字《こもじ》）

アルファベット1文字《もじ》が読《よ》まれるよ。聞《き》こえたアルファベットを小文字《こもじ》で書《か》いてみよう。まちがえたら、もう一度《いちど》聞《き》いて、右《みぎ》の欄《らん》に書《か》き直《なお》そう。

1

2

3

4

5

6

できた！

7

8

9

10

11

12

できた！

答《こた》え➡ 1»b　2»c　3»g　4»l　5»m　6»t
7»z　8»d　9»p　10»q　11»r　12»i

音声《おんせい》サイトへ

全部《ぜんぶ》書《か》けるかチェックしよう

大文字《おおもじ》をAからZまで、小文字《こもじ》もaからzまで順番《じゅんばん》に全部《ぜんぶ》書《か》いてみよう。
ABCソングを思《おも》い出《だ》しながらやろう。もう一度《いちど》聞いてみてもいいね。

大文字《おおもじ》

書《か》けなかった文字《もじ》をチェック!

歌《うた》はstep3／P43

ABCソングの区切《くぎ》りに
合《あ》わせたよ。

小文字《こもじ》

2 フォニックスと単語《たんご》

ここまでは、A（a）を「エー」、B（b）を「ビー」のように呼《よ》ぶ、アルファベットの「名前《なまえ》」を覚《おぼ》えてきたね。
アルファベットには、「名前読《なまえよ》み」のほかに、A（a）を「ア」、B（b）を「ブ」のように読《よ》む「音読《おんよ》み」があるよ。
このようなアルファベットの音読《おんよ》みのルールを「フォニックス」というよ。
ここからは、フォニックスと単語《たんご》を学習《がくしゅう》していくよ。

音声《おんせい》サイトへ

フォニックスって何《なに》？

右《みぎ》の言葉《ことば》は、何《なん》と読《よ》むかな？

dog

アルファベットの「名前《なまえ》」で読《よ》んだら、「ディー オー ジー」になるね。でも、英語《えいご》の単語《たんご》として読《よ》むときは、「ディー オー ジー」とは読まないよ。

アルファベットには、「名前読《なまえよ》み」だけじゃなくて、「音読《おんよ》み」があるんだ。上《うえ》のdogの場合《ばあい》は、日本語《にほんご》の「ド」の音《おん》に似《に》ている「d」と、「オ」にも「ア」にも似《に》ている「o」と、「グ」に似《に》ている「g」をつなげて、「ドァグ」のように読《よ》むよ。

英語《えいご》のアルファベットそれぞれの音《おん》と、それがつながったときにどう読《よ》むのかを教《おし》えてくれるのが「フォニックス」だよ。

次《つぎ》のページでは、まずは、いちばん基本的《きほんてき》な「母音《ぼいん》」を紹介《しょうかい》するよ。単語《たんご》には母音《ぼいん》が必《かなら》ず１つはふくまれているから、しっかり練習《れんしゅう》しよう。そのあと、いくつかの音《おん》がつながったときの読《よ》み方《かた》を少《すこ》しずつ練習《れんしゅう》していこう。

名前《なまえ》と音《おん》で言《い》ってみよう

音声《おんせい》に続《つづ》けて、「dog」を「名前《なまえ》」と「音《おん》」で言《い》ってみよう。

dogは英語《えいご》で犬《いぬ》という意味《いみ》だよ。

1 （名前《なまえ》で） dog　2 （音《おん》で） dog

できた！

音声《おんせい》サイトへ

基本《きほん》の母音《ぼいん》を覚《おぼ》えよう

「に」をのばすと「にぃー」、「ほ」をのばすと「ほぉー」のように、日本語《にほんご》は「ん」以外《いがい》はどれも「あ」「い」「う」「え」「お」の5つの音《おん》につながるね。このように長《なが》くのばせる音《おん》を「母音《ぼいん》」というよ。母音《ぼいん》でない音《おん》は「子音《しいん》」というんだ。

英語《えいご》にも「i」「e」「a」「o」「u」のような基本的《きほんてき》な母音《ぼいん》があるよ。母音《ぼいん》を表《あらわ》すこれらのアルファベットは、いつも同《おな》じ発音《はつおん》になるわけではないけど、ここではまず、いちばん代表的《だいひょうてき》な音《おん》だけを練習《れんしゅう》してみよう。

できた！

それぞれの発音《はつおん》のポイントを見《み》ながら、音声《おんせい》に続《つづ》けて発音《はつおん》してみよう。

1 自然《しぜん》に口《くち》を少《すこ》し開《あ》けて

2 しっかり口《くち》を横《よこ》に広《ひろ》げて

3 にっこり笑《わら》ってあごを下《さ》げて

4 口《くち》を丸《まる》く縦《たて》に開《ひら》いて

5 口《くち》はあまり開《ひら》かずのどの奥《おく》から短《みじか》く

どちらが聞《き》こえた？

音声《おんせい》を聞《き》いて、聞《き》こえたほうを○で囲《かこ》もう。そのあと、下《した》に書《か》いてみよう。

1 i e　2 a o　3 u i　4 i e　5 a o

i

答《こた》え➡ 1»i　2»a　3»u　4»e　5»o

音声《おんせい》サイトへ

子音《しいん》の発音《はつおん》(1)

まずは、発音《はつおん》のポイントをよく見《み》て、子音《しいん》を発音《はつおん》しよう。次《つぎ》に、その子音《しいん》をふくんだ単語《たんご》の例《れい》を聞《き》いて、まねして言《い》ってみよう。

		子音《しいん》	単語例《たんごれい》		
1	舌先《したさき》を 上《うえ》の歯《は》ぐきにつけ 鼻《はな》で言《い》うように	n	net あみ		できた！
2	お腹《なか》からしっかり 息《いき》を出《だ》して	b	bed ベッド	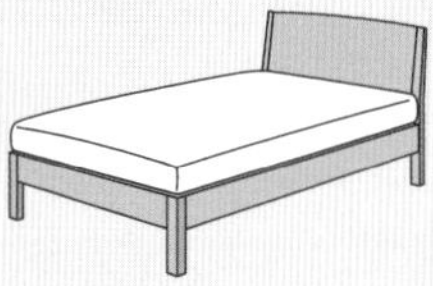	できた！
3	舌先《したさき》を 上《うえ》の歯《は》ぐきにつけ 強《つよ》くはじいて	d	dog 犬《いぬ》		できた！
4	上《うえ》の歯《は》と下《した》の歯《は》の 間《あいだ》から息《いき》を出《だ》して	s	sun 太陽《たいよう》		できた！

子音《しいん》は、とても短《みじか》くて瞬間的《しゅんかんてき》な音《おん》なんだ。「b」「d」は、日本語《にほんご》の「ぶ」「ど」に似《に》ているけど、全然《ぜんぜん》ちがうことに気《き》づいたかな。

どちらが聞《き》こえた？(1)

音声《おんせい》を聞《き》いて、聞《き》こえたほうを○で囲《かこ》もう。そのあと、下《した》に書《か》いてみよう。

1 n b　2 d s　3 b d　4 s n　5 d b

答《こた》え➡ 1»n 2»d 3»b 4»s 5»d

文字《もじ》をつないで読《よ》もう

音声《おんせい》に続《つづ》けて、同《おな》じように言《い》ってみよう。つながった文字《もじ》も1拍《ぱく》で言《い》うよ。

1 i + n = in できた！□

2 e + n = en できた！□

3 a + n = an できた！□

4 o + n = on できた！□

5 u + n = un できた！□

6 a + b = ab できた！□

7 o + b = ob できた！□

8 i + d = id できた！□

9 e + s = es できた！□

10 u + s = us できた！□

どちらが聞《き》こえた？(2)

音声《おんせい》を聞《き》いて、聞《き》こえたほうを○で囲《かこ》もう。そのあと、下《した》に書《か》いてみよう。

1 in en

2 an on

3 un us

4 es ob

答《こた》え➡ 1»en 2»an 3»us 4»es

音声《おんせい》サイトへ

子音《しいん》の発音《はつおん》(2)

まずは、発音《はつおん》のポイントをよく見《み》て、子音《しいん》を発音《はつおん》しよう。次《つぎ》に、その子音《しいん》をふくんだ単語《たんご》の例《れい》を聞《き》いて、まねして言《い》ってみよう。

1 舌先《したさき》を上《うえ》の歯《は》ぐきにつけ強《つよ》くはじいて　t　ten 10

できた！ □

2 お腹《なか》からしっかり息《いき》を出《だ》して　p　pen ペン

できた！ □

3 口《くち》を閉《と》じたまま　m　map 地図《ちず》

できた！ □

4 のどの奥《おく》から　g　get もらう

できた！ □

「m」と、前《まえ》に出《で》てきた「n」は、少《すこ》し似《に》ているけど、「m」は口《くち》を閉《と》じている音《おん》だよ。「p」と「b」、「t」と「d」は、それぞれ口《くち》の形《かたち》は同《おな》じなんだよ。

どちらが聞《き》こえた？(1)

音声《おんせい》を聞《き》いて、聞《き》こえたほうを○で囲《かこ》もう。そのあと、下《した》に書《か》いてみよう。

1 g p　2 m g　3 n m　4 d t　5 p b

答《こた》え➡ 1»g 2»m 3»n 4»t 5»p

文字《もじ》をつないで読《よ》もう

音声《おんせい》に続《つづ》けて、同《おな》じように言《い》ってみよう。つながった文字《もじ》も1拍《ぱく》で言《い》うよ。

1 i + t = it　できた！

2 e + t = et　できた！

3 a + p = ap　できた！

4 o + p = op　できた！

5 u + m = um　できた！

6 a + m = am　できた！

7 i + g = ig　できた！

8 e + g = eg　できた！

9 u + p = up　できた！

10 o + t = ot　できた！

どちらが聞《き》こえた？(2)

音声《おんせい》を聞《き》いて、聞《き》こえたほうを○で囲《かこ》もう。そのあと、下《した》に書《か》いてみよう。

1 it　et

2 ap　op

3 ig　am

4 am　up

答《こた》え➡ 1»it　2»ap　3»ig　4»am

音声《おんせい》サイトへ

子音《しいん》の発音《はつおん》(3)

まずは、発音《はつおん》のポイントをよく見《み》て、子音《しいん》を発音《はつおん》しよう。次《つぎ》に、その子音《しいん》をふくんだ単語《たんご》の例《れい》を聞《き》いて、まねして言《い》ってみよう。

1 のどの奥《おく》から　c　cat　ねこ

できた！

2 のどの奥《おく》から　k　kid　子供《こども》

できた！

「c」、「k」、「ck」は、みんな同《おな》じ音《おん》だよ。

「c」「k」「ck」と、前《まえ》に出《で》てきた「g」は、口《くち》の形《かたち》は同《おな》じで、のどの奥《おく》から出《だ》す音《おん》だよ。「g」は、にごった音《おん》だったね。

3 「c」「k」と同《おな》じ発音《はつおん》で のどの奥《おく》から　ck　kick　ける

できた！

「ll」も、2文字《もじ》だけど、「l」と同《おな》じ音《おん》だよ。

「l」の発音《はつおん》は、舌《した》の先《さき》を上《うえ》の歯《は》ぐきにつけるのがポイントだよ。

4 舌先《したさき》を 上《うえ》の歯《は》ぐきにつけて　l　leg　あし

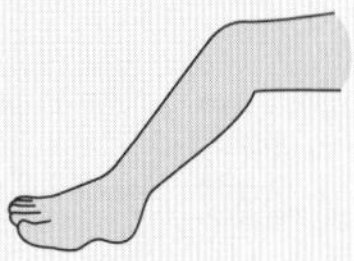

できた！

5 「l」と同《おな》じ発音《はつおん》で 舌先《したさき》を 上《うえ》の歯《は》ぐきにつけて　ll　bell　ベル

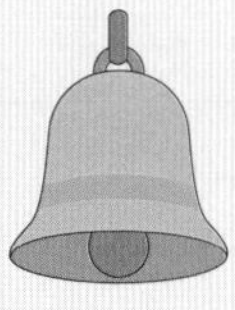

できた！

文字《もじ》をつないで読《よ》もう

音声《おんせい》に続《つづ》けて、同《おな》じように言《い》ってみよう。つながった文字《もじ》も1拍《ぱく》で言《い》うよ。

1 a + ck = ack できた！

2 e + ck = eck できた！

3 i + ck = ick できた！

4 u + ck = uck できた！

5 o + ck = ock できた！

6 o + l = ol できた！

7 a + l = al できた！

8 u + l = ul できた！

9 e + ll = ell できた！

10 i + ll = ill できた！

どちらが聞《き》こえた？

音声《おんせい》を聞《き》いて、聞《き》こえたほうを○で囲《かこ》もう。そのあと、下《した》に書《か》いてみよう。

1 ek　ell

2 ick　ill

3 ock　ack

答《こた》え➡ 1»ell　2»ick　3»ock

音声《おんせい》サイトへ

文字《もじ》をつないで単語《たんご》を読《よ》もう(1)

ここまでに出《で》てきた単語例《たんごれい》を使《つか》って、読《よ》んでみよう。音声《おんせい》に続《つづ》けて全部《ぜんぶ》言《い》ったあと、もう一度《いちど》自分《じぶん》で言《い》いながら、単語《たんご》を書《か》こう。

1 n + et = net  net

2 b + ed = bed 

3 d + og = dog 

4 s + un = sun 

5 t + en = ten 

6 p + en = pen 

7 m + ap = map

8 g + et = get

9 c + at = cat

10 k + id = kid

11 k + ick = kick

12 l + eg = leg

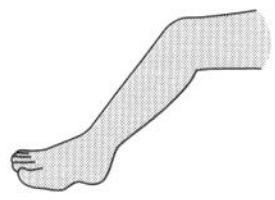

13 b + ell = bell

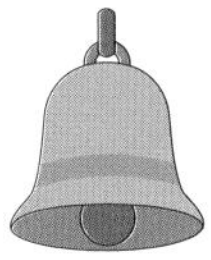

音声《おんせい》サイトへ

文字《もじ》をつないで単語《たんご》を読《よ》もう(2)

まずは、新《あたら》しい子音《しいん》と単語例《たんごれい》を言《い》ってみよう。そのあと、その子音《しいん》をふくんだ他《ほか》の単語《たんご》も練習《れんしゅう》していこう。

1 お腹《なか》から息《いき》を出《だ》して　h　hat　ぼうし

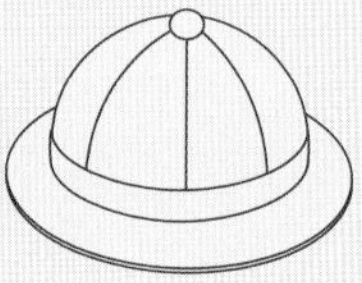

できた！ □

2 下《した》のくちびるに そっと上《うえ》の歯《は》を のせて　f　fit　フィットする

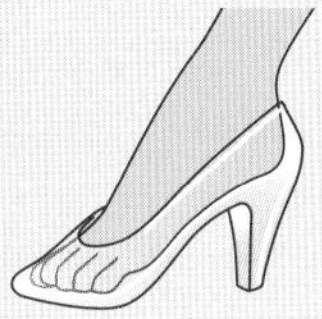

できた！ □

「f」は、下《した》のくちびるの上《うえ》に、そっと上《うえ》の歯《は》をのせて発音《はつおん》するよ。日本語《にほんご》の「ふ」とは全然《ぜんぜん》ちがうので注意《ちゅうい》！

文字《もじ》をつないで読《よ》もう・書《か》こう

音声《おんせい》に続《つづ》けて、同《おな》じように言《い》ったあと、出《で》てきた単語《たんご》を書《か》いてみよう。

1 h + at = hat

hat　hot　ham

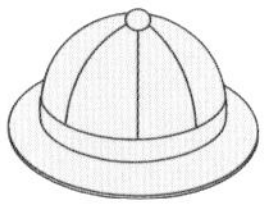

ぼうし　暑《あつ》い　ハム

hat

2 f + it = fit

fit　fan　fin

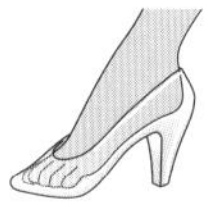

フィットする　ファン　ひれ

聞《き》こえたものにタッチしよう

音声《おんせい》を聞《き》いて、聞《き》こえた単語《たんご》を表《あらわ》す絵《え》にタッチしていこう。

できた！

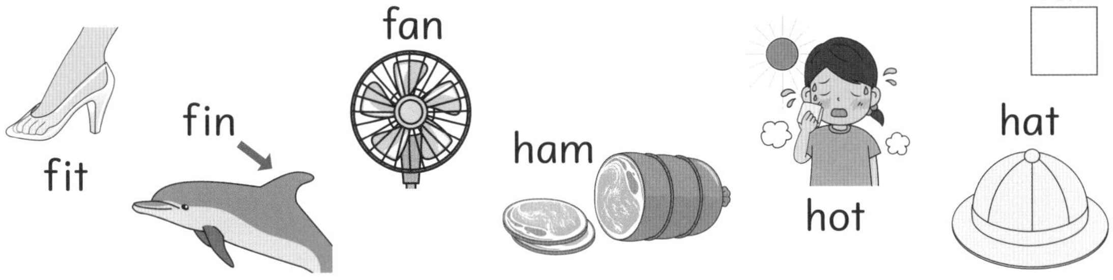

答《こた》え➡ fin»fan»hat»fit»hot»ham

どれが聞《き》こえた？

音声《おんせい》を聞《き》いて、聞《き》こえた単語《たんご》を○で囲《かこ》もう。

1 hot  fit  hat 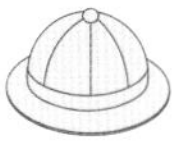

2 fan  ham  fin 

答《こた》え➡ 1»hot 2»fin

この音《おん》が入《はい》っているのはどれ？

音声《おんせい》を聞《き》いて、指定《してい》された音《おん》が入《はい》っているものを1つ選《えら》んで○で囲《かこ》もう。

1 f 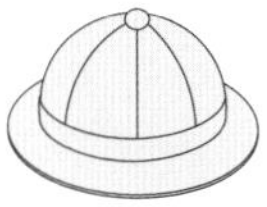  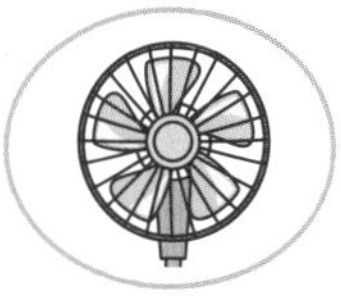

2 am   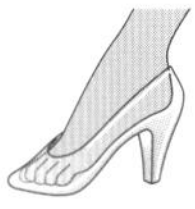

答《こた》え➡ 1»  (fan) 2» (ham)

音声《おんせい》サイトへ

文字《もじ》をつないで単語《たんご》を読《よ》もう(3)

前《まえ》と同《おな》じように、まずは、新《あたら》しい子音《しいん》と単語例《たんごれい》を言《い》ったあと、その子音《しいん》をふくんだ他《ほか》の単語《たんご》も練習《れんしゅう》していくよ。新《あたら》しい単語《たんご》は、しっかり覚《おぼ》えていこう。

1 舌《した》を 上《うえ》の歯《は》ぐきに 近《ちか》づけて　j　jam　ジャム

できた！

2 舌《した》は どこにもつけないで　r　red　赤《あか》

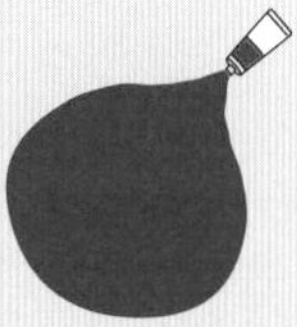

できた！

「r」は、舌《した》がどこにもつかないようにして発音《はつおん》するよ。「l」は、舌先《したさき》を上《うえ》の歯《は》ぐきにつけるんだったね。

「red」は、日本語《にほんご》で「レッド」と言《い》うのとは、全然《ぜんぜん》ちがうことに気《き》づいたかな。

文字《もじ》をつないで読《よ》もう・書《か》こう

音声《おんせい》に続《つづ》けて、同《おな》じように言《い》ったあと、出《で》てきた単語《たんご》を書《か》いてみよう。

1 j + am = jam

jam　jet　job

ジャム

ジェット機《き》

仕事《しごと》

2 r + ed = red

red　run　rock

赤《あか》

走《はし》る

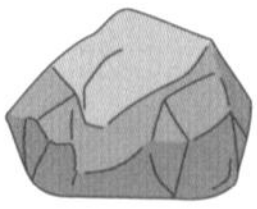

岩《いわ》

聞《き》こえたものにタッチしよう

音声《おんせい》を聞《き》いて、聞《き》こえた単語《たんご》を表《あらわ》す絵《え》にタッチしていこう。

できた！

答《こた》え➡ jam » red » run » job » jet » rock

どれが聞《き》こえた？

音声《おんせい》を聞《き》いて、聞《き》こえた単語《たんご》を○で囲《かこ》もう。

1 jam  red  job 

2 jet  run  rock 

答《こた》え➡ 1 » job 2 » run

この音《おん》が入《はい》っているのはどれ？

音声《おんせい》を聞《き》いて、指定《してい》された音《おん》が入《はい》っているものを1つ選《えら》んで○で囲《かこ》もう。

1 r   

2 ock 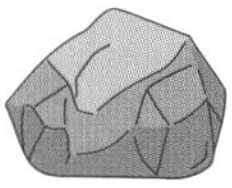  

答《こた》え➡ 1 » (run) 2 » (rock)

音声《おんせい》サイトへ

文字《もじ》をつないで単語《たんご》を読《よ》もう(4)

前《まえ》と同《おな》じように、まずは、新《あたら》しい子音《しいん》と単語例《たんごれい》を言《い》ったあと、その子音《しいん》をふくんだ他《ほか》の単語《たんご》も練習《れんしゅう》していくよ。新《あたら》しい単語《たんご》は、しっかり覚《おぼ》えていこう。

1 くちびるをとがらせ戻《もど》すと同時《どうじ》に　w　**win**　勝《か》つ

できた！ □

2 上《うえ》の歯《は》と下《した》の歯《は》の間《あいだ》から息《いき》を出《だ》して　z　**zip**　チャック

できた！ □

「z」は、「s」を発音《はつおん》するときの口《くち》の形《かたち》と同《おな》じだよ。こちらは、にごった音《おん》だね。

「v」は、「f」と同《おな》じように、下《した》のくちびるに上《うえ》の歯《は》をのせて発音《はつおん》するよ。こちらは、にごった音《おん》だね。

3 下《した》のくちびるにそっと上《うえ》の歯《は》をのせて　v　**van**　バン(小型《こがた》トラック)

できた！ □

文字《もじ》をつないで読《よ》もう・書《か》こう

音声《おんせい》に続《つづ》けて、同《おな》じように言《い》ったあと、出《で》てきた単語《たんご》を書《か》いてみよう。

1

win

勝《か》つ

web

くもの巣《す》

2

zip

チャック

zigzag

ジグザグ

3

van

バン(小型《こがた》トラック)

vet

じゅう医《い》さん

「ジグザグ」の「z」は、日本《にほん》語《ご》の「ジ」とはちがうね。

聞《き》こえたものにタッチしよう

音声《おんせい》を聞《き》いて、聞《き》こえた単語《たんご》を表《あらわ》す絵《え》にタッチしていこう。

できた！ □

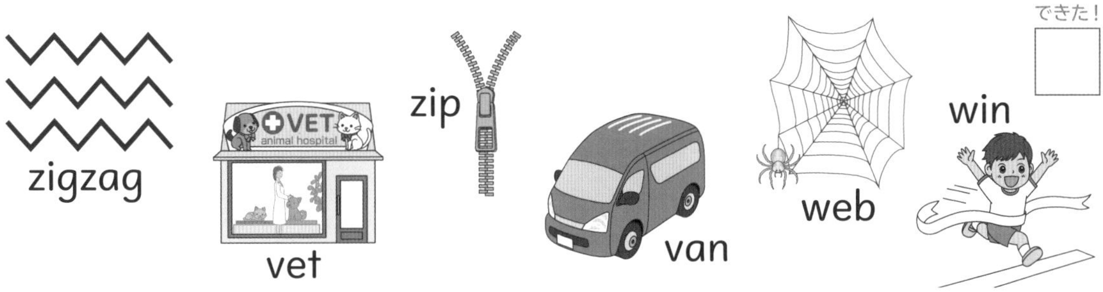

答《こた》え➡ van » win » zip » web » zigzag » vet

どれが聞《き》こえた？

音声《おんせい》を聞《き》いて、聞《き》こえた単語《たんご》を○で囲《かこ》もう。

1 win  van  zip 

2 vet  zigzag  web 

答《こた》え➡ 1 » van　2 » web

この音《おん》が入《はい》っているのはどれ？

音声《おんせい》を聞《き》いて、指定《してい》された音《おん》が入《はい》っているものを1つ選《えら》んで○で囲《かこ》もう。

1 z   

2 et   

答《こた》え➡ 1 »  (zigzag)　2 »  (vet)

音声《おんせい》サイトへ

文字《もじ》をつないで単語《たんご》を読《よ》もう(5)

前《まえ》と同《おな》じように、まずは、新《あたら》しい子音《しいん》と単語例《たんごれい》を言《い》ったあと、その子音《しいん》をふくんだ他《ほか》の単語《たんご》も練習《れんしゅう》していくよ。新《あたら》しい単語《たんご》は、しっかり覚《おぼ》えていこう。

1 舌《した》を
上《うえ》の歯《は》ぐきに近《ちか》づけ
勢《いきお》いよく

y yes
はい

できた！

2 「k」と「s」を
すばやくつなげて

x box
箱《はこ》

できた！

「x」は、「k」と「s」の2つの子音《しいん》の連結《れんけつ》なので、「box」は4音《おん》だね。

「q」は、たいてい「u」とくっついているよ。「qu」は、「k」と「w」の連結音《れんけつおん》なので、「quiz」も4音《おん》だね。

3 「k」と「w」を
すばやくつなげて
アヒルのように

qu quiz
クイズ

できた！

文字《もじ》をつないで読《よ》もう・書《か》こう

音声《おんせい》に続《つづ》けて、同《おな》じように言《い》ったあと、出《で》てきた単語《たんご》を書《か》いてみよう。

1

yes

はい

yum

おいしい

2

box

箱《はこ》

six

6

3

quiz

クイズ

quick

すばやい

聞《き》こえたものにタッチしよう

音声《おんせい》を聞《き》いて、聞《き》こえた単語《たんご》を表《あらわ》す絵《え》にタッチしていこう。

できた！

答《こた》え➡ yum » quiz » yes » quick » box » six

どれが聞《き》こえた？

音声《おんせい》を聞《き》いて、聞《き》こえた単語《たんご》を○で囲《かこ》もう。

1　yes 　box 　six 

2　yum 　quiz 　quick 

答《こた》え➡ 1 » six　2 » quick

この音《おん》が入《はい》っているのはどれ？

音声《おんせい》を聞《き》いて、指定《してい》された音《おん》が入《はい》っているものを1つ選《えら》んで○で囲《かこ》もう。

1　qu　　　

2　bo　　　

答《こた》え➡ 1 » （quiz）　2 » （box）

音声《おんせい》サイトへ

文字《もじ》をつないで単語《たんご》を読《よ》もう(6)

ここでは、「ck」や「ll」のように2文字《もじ》で1つの子音《しいん》になるものを紹介《しょうかい》するよ。英語《えいご》ではよく出《で》てくる子音《しいん》だよ。まずは、単語例《たんごれい》とともに言《い》ってみよう。

1 「シーッ!(静《しず》かに!)」と言《い》うときのように　sh　ship　船《ふね》 　できた!

2 くちびるを少《すこ》し丸《まる》め のどの奥《おく》から 息《いき》を出《だ》し　ch　chick　ひよこ 　できた!

「th」は、舌先《したさき》をほんの少《すこ》しだけ上《うえ》と下《した》の歯《は》ではさむのがポイント。同《おな》じつづりで、にごった音《おん》もあるよ。

3 舌《した》を歯《は》で軽《かる》くはさみ スーッと息《いき》を出《だ》して　th　thick　厚《あつ》い 　できた!

舌《した》を歯《は》でちょっとはさんでいるので、「s」や「z」とは、ちがう音《おん》が出《で》るね。

4 舌《した》を歯《は》で軽《かる》くはさみ ズーッとにごらせて　th　this　これ 　できた!

文字《もじ》をつないで読《よ》もう・書《か》こう

音声《おんせい》に続《つづ》けて、同《おな》じように言《い》ったあと、出《で》てきた単語《たんご》を書《か》いてみよう。

1

ship  船《ふね》

chick  ひよこ

thick  厚《あつ》い

this  これ

2 fish　rich　thin　that

魚《さかな》

豊《ゆた》かな

うすい

あれ

どれが聞《き》こえた？

音声《おんせい》を聞《き》いて、聞《き》こえた単語《たんご》を〇で囲《かこ》もう。

1 fish 　rich 　that 

2 thin 　this 　ship 

3 that 　chick 　thick 

答《こた》え➡ 1» rich　2» this　3» thick

この音《おん》が入《はい》っているのはどれ？

音声《おんせい》を聞《き》いて、指定《してい》された音《おん》が入《はい》っているものを1つ選《えら》んで〇で囲《かこ》もう。

1 sh 

2 th   

答《こた》え➡ 1» （fish）　2» （this）

音声《おんせい》サイトへ

子音《しいん》と子音《しいん》をつないで読《よ》む

子音《しいん》と子音《しいん》の間《あいだ》に母音《ぼいん》が入《はい》らないように気《き》をつけながら、音声《おんせい》のまねをして全部《ぜんぶ》言《い》ってみよう。そのあと、自分《じぶん》でもう一度《いちど》言《い》いながら、単語《たんご》を書《か》こう。

「x」は、「k」と「s」の2つの子音《しいん》の連結《れんけつ》だったね。同《おな》じように、2つの子音《しいん》がくっつくことは、英語《えいご》にはよくあるよ。

1 b b l l bl bl → black

黒《くろ》

black

2 c c l l cl cl → clock

時計《とけい》

3 d d r r dr dr → drum

ドラム

4 s s t t st st → stop

止《と》まる

5 s s k k sk sk → desk

机《つくえ》

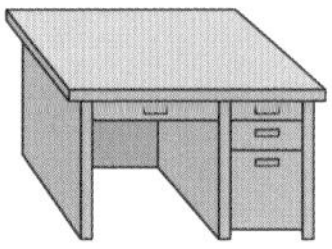

6 n n t t nt nt → ant

あり

7 f f t t ft ft → soft

やわらかい

日本語《にほんご》は、子音《しいん》と子音《しいん》がくっつくことがあまりないから、慣《な》れないと、言《い》うのは少《すこ》し難《むずか》しいね。

聞《き》こえたものにタッチしよう

音声《おんせい》を聞《き》いて、聞《き》こえた単語《たんご》を表《あらわ》す絵《え》にタッチしていこう。

できた！

答《こた》え➡ drum » ant » soft » desk » clock » stop » black

どれが聞《き》こえた？

音声《おんせい》を聞《き》いて、聞《き》こえた単語《たんご》を○で囲《かこ》もう。

1 drum  black  clock 

2 ant  soft  desk 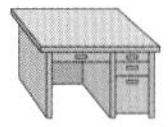

答《こた》え➡ 1 » clock　2 » soft

この音《おん》が入《はい》っているのはどれ？

音声《おんせい》を聞《き》いて、指定《してい》された音《おん》が入《はい》っているものを1つ選《えら》んで○で囲《かこ》もう。

1 st 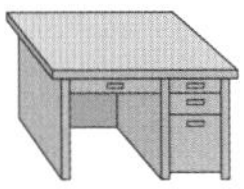  

2 nt   

答《こた》え➡ 1 » (stop)　2 » (ant)

音声《おんせい》サイトへ

母音《ぼいん》から始《はじ》まる単語《たんご》

単語《たんご》には、必《かなら》ず1つは母音《ぼいん》がふくまれているんだったね。ここでは、母音《ぼいん》から始《はじ》まる単語《たんご》を紹介《しょうかい》するよ。音声《おんせい》に続《つづ》けて、まねをして言《い》ってみよう。

1 自然《しぜん》に口《くち》を少《すこ》し開《あ》けて

i ink インク

できた！

「ll」が「l」と同《おな》じ発音《はつおん》だったように、「gg」も「g」と同《おな》じ発音《はつおん》で、1音《おん》だよ。

2 しっかり口《くち》を横《よこ》に広《ひろ》げて

e egg 卵《たまご》

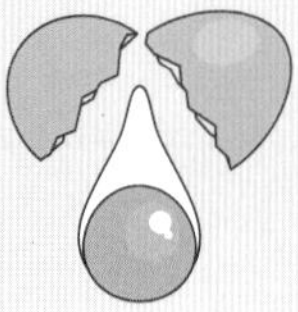

できた！

日本語《にほんご》の「ア」と「エ」の中間《ちゅうかん》ぐらいの音《おん》だね。

3 にっこり笑《わら》ってあごを下《さ》げて

a ant あり

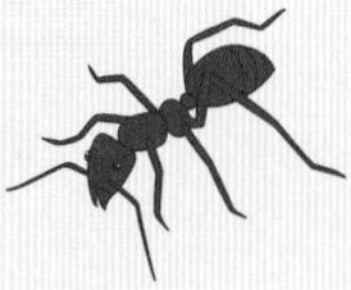

できた！

日本語《にほんご》の「ア」と「オ」の中間《ちゅうかん》ぐらいの音《おん》だね。

4 口《くち》を丸《まる》く縦《たて》に開《ひら》いて

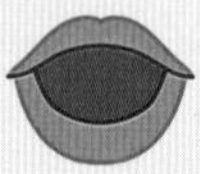

o ox お牛《うし》

できた！

とても短《みじか》い音《おん》だよ。口《くち》をあまり開《ひら》かず、「ア」をのどの奥《おく》から出《だ》す感《かん》じ。

5 口《くち》はあまり開《ひら》かずのどの奥《おく》から短《みじか》く

u up 上《うえ》へ

できた！

どれが聞《き》こえた？

音声《おんせい》を聞《き》いて、聞《き》こえた単語《たんご》を○で囲《かこ》もう。

1 soft  ant  ink 

2 leg  egg 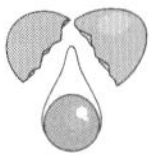 dog 

3 ant  fit  that 

4 bell  ox  up 

答《こた》え➡ 1»ink 2»egg 3»ant 4»ox

聞《き》こえた単語《たんご》を書《か》いてみよう

音声《おんせい》を聞《き》いて、□にあてはまる文字《もじ》（母音《ぼいん》i、e、a、o、uのどれか）を書《か》こう。
全部《ぜんぶ》書《か》き入《い》れたら、自分《じぶん》でもう一度《いちど》言《い》いながら、右側《みぎがわ》に単語《たんご》を書《か》こう。

1 [i]nk ink

2 □gg

3 □nt

4 □x

5 □p

6 d□g

答《こた》え➡ 1»i（ink） 2»e（egg） 3»a（ant） 4»o（ox） 5»u（up） 6»o（dog）

音声《おんせい》サイトへ

絵《え》が表《あらわ》す単語《たんご》を書《か》いてみよう（1）

絵《え》が表《あらわ》す単語《たんご》を、音声《おんせい》に続《つづ》けて言《い》いながら、□にあてはまる文字《もじ》を書《か》こう。
全部《ぜんぶ》書《か》き入《い》れたら、自分《じぶん》でもう一度《いちど》言《い》いながら、右側《みぎがわ》に単語《たんご》を書《か》こう。

1 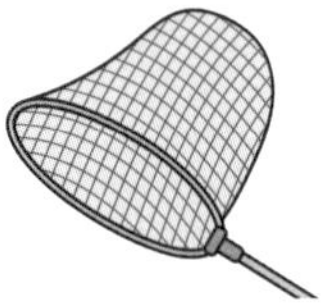
あみ

net　　net

2 
ベッド

bed　　bed

3 
犬《いぬ》

dog

4 
太陽《たいよう》

□un

5 

10

t□n

6 
ペン

pe□

答《こた》え➡ 1»n（net） 2»e（bed） 3»g（dog） 4»s（sun） 5»e（ten） 6»n（pen）

7 

地《ち》図《ず》

□ap

8 

もらう

g□t

9 

ねこ

ca□

10 

子《こ》供《ども》

□id

11 

ける

k□ck

12 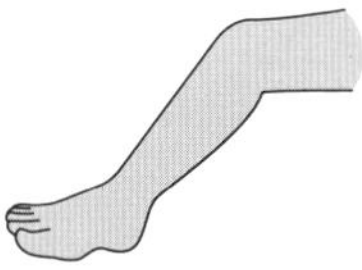

あし

le□

13 

ベル

□ell

答《こた》え➡ 7» m(map)　8» e(get)　9» t(cat)　10» k(kid)　11» i(kick)　12» g(leg)　13» b(bell)

単語《たんご》が表《あらわ》す絵《え》を選《えら》ぼう（1）

単語《たんご》を声《こえ》に出《だ》して読《よ》みながら、それぞれが表《あらわ》すものを、右《みぎ》の3つの絵《え》の中《なか》から選《えら》んで○で囲《かこ》もう。

1 sun

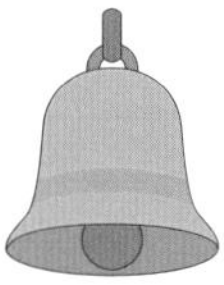

2 cat

3 get

4 kid

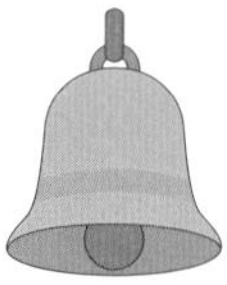

5 leg

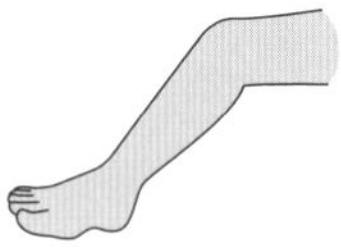

6 kick

答《こた》え➡ 1» 2» 3» 4» 5» 6»

単語《たんご》と絵《え》をつなごう(1)

単語《たんご》を声《こえ》に出《だ》して読《よ》みながら、それぞれが表《あらわ》すものを、右《みぎ》の絵《え》から選《えら》び、●(点《てん》)と●(点《てん》)を線《せん》でつなごう。

1 pen ●

2 ten ●

3 map ●

4 bed ●

5 bell ●

6 net ●

● 

● 

● 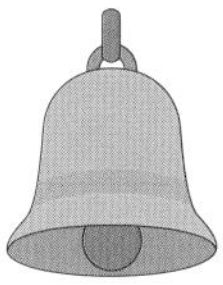

● 

● 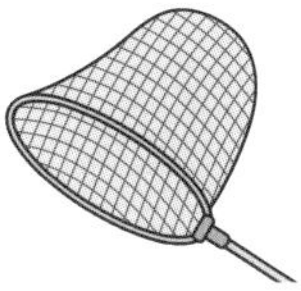

● 

答《こた》え➡ 1»  2»  3»  4»  5»  6» 

音声《おんせい》サイトへ

聞《き》こえた順《じゅん》に進《すす》もう(1)

音声《おんせい》を聞《き》いて、聞《き》こえた単語《たんご》を順番《じゅんばん》にたどって、スタートからゴールまで進《すす》もう。

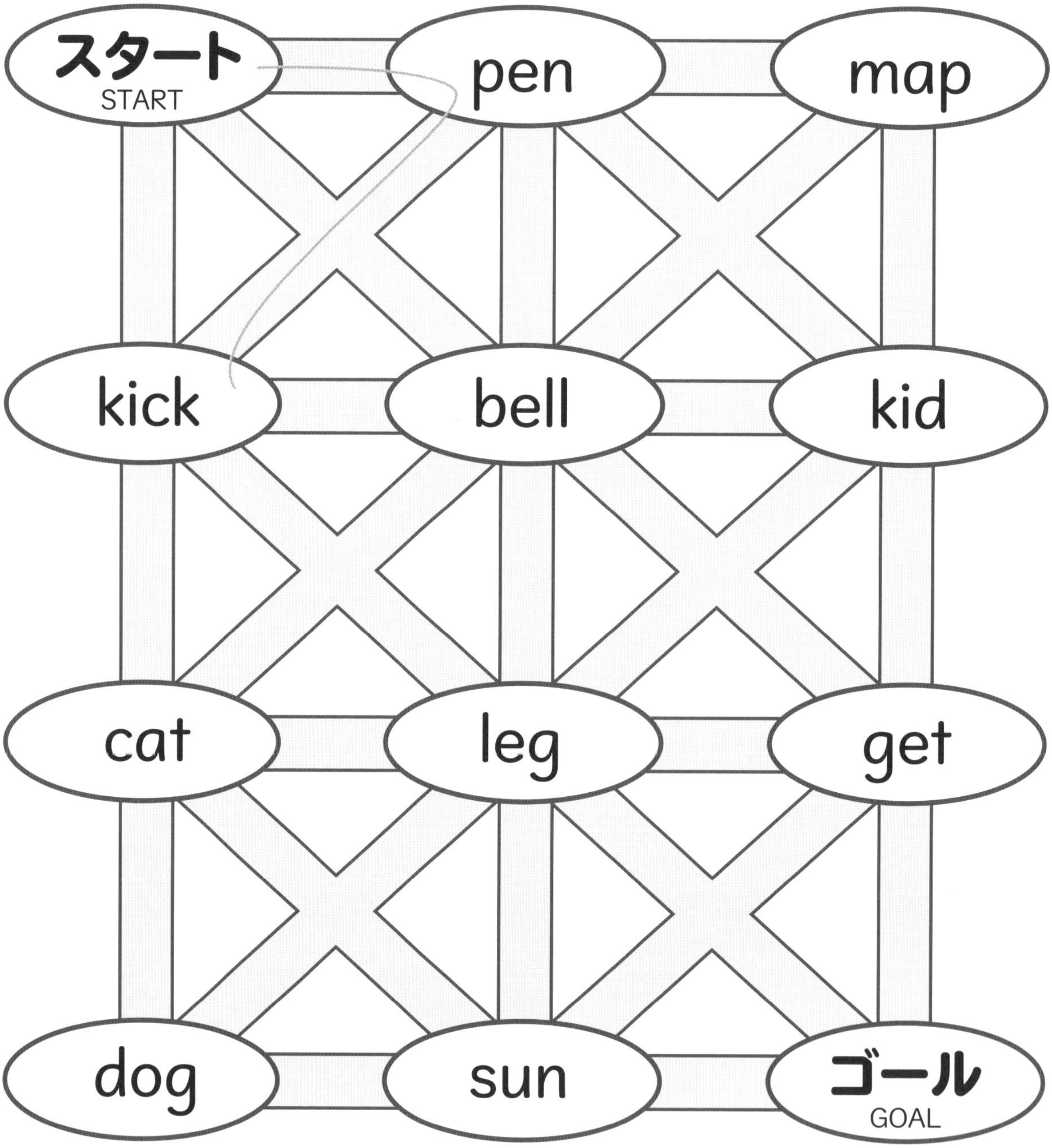

答《こた》え➡ pen » kick » bell » map » kid » leg » cat » dog » sun » get

音声《おんせい》サイトへ

聞《き》こえた順《じゅん》に点《てん》をつなごう(1)

音声《おんせい》を聞《き》いて、聞《き》こえた単語《たんご》の●（点《てん》）を、順番《じゅんばん》に線《せん》でつなごう。

ten

net

bed

dog

kick

leg

cat

sun

bell

pen

答《こた》え➡ pen » leg » kick » cat » bed » net » ten » dog » sun » bell

音声《おんせい》サイトへ

絵《え》が表《あらわ》す単語《たんご》を書《か》いてみよう(2)

絵《え》が表《あらわ》す単語《たんご》を、音声《おんせい》に続《つづ》けて言《い》いながら、□にあてはまる文字《もじ》を書《か》こう。
全部《ぜんぶ》書《か》き入《い》れたら、自分《じぶん》でもう一度《いちど》言《い》いながら、右側《みぎがわ》に単語《たんご》を書《か》こう。

1 
暑《あつ》い
□ot

2 
ジェット機《き》
j□t

3 
バン(小型《こがた》トラック)
va□

4 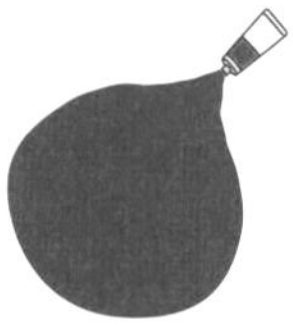
赤《あか》
□ed

5 
勝《か》つ
w□n

6 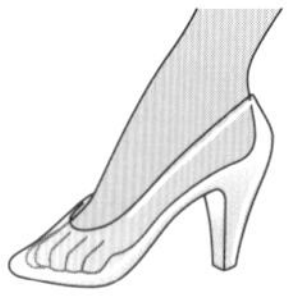
フィットする
fi□

答《こた》え➡ 1»h (hot) 2»e (jet) 3»n (van) 4»r (red) 5»i (win) 6»t (fit)

7

はい

□es

8

クイズ

qu□z

9

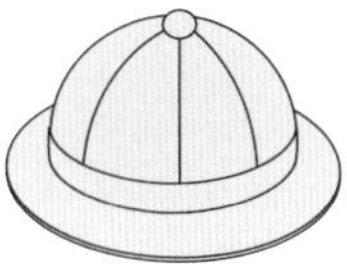

ぼうし

ha□

10

チャック

□ip

11

箱《はこ》

b□x

12

ファン

fa□

13

ジャム

□am

答《こた》え➡ 7»y(yes) 8»i(quiz) 9»t(hat) 10»z(zip) 11»o(box) 12»n(fan) 13»j(jam)

単語《たんご》が表《あらわ》す絵《え》を選《えら》ぼう(2)

単語《たんご》を声《こえ》に出《だ》して読《よ》みながら、それぞれが表《あらわ》すものを、右《みぎ》の3つの絵《え》の中《なか》から選《えら》んで○で囲《かこ》もう。

1 box

2 jam

3 fan

4 hat

5 quiz

6 win

答《こた》え➡ 1»  2»  3»  4»  5»  6» 

単語《たんご》と絵《え》をつなごう(2)

単語《たんご》を声《こえ》に出《だ》して読《よ》みながら、それぞれが表《あらわ》すものを、右《みぎ》の絵《え》から選《えら》び、●(点《てん》)と●(点《てん》)を線《せん》でつなごう。

1 fit ● ● 

2 zip ● ● 

3 jet ● ● 

4 yes ● ● 

5 red ● ● 

6 hot ● ● 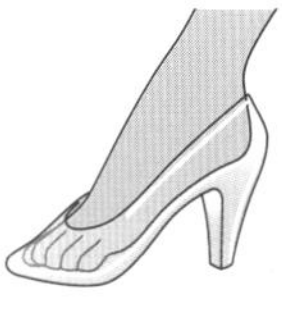

答《こた》え➡ 1»  2»  3»  4»  5»  6» 

音声《おんせい》サイトへ

聞《き》こえた順《じゅん》に進《すす》もう(2)

音声《おんせい》を聞《き》いて、聞《き》こえた単語《たんご》を順番《じゅんばん》にたどって、スタートからゴールまで進《すす》もう。

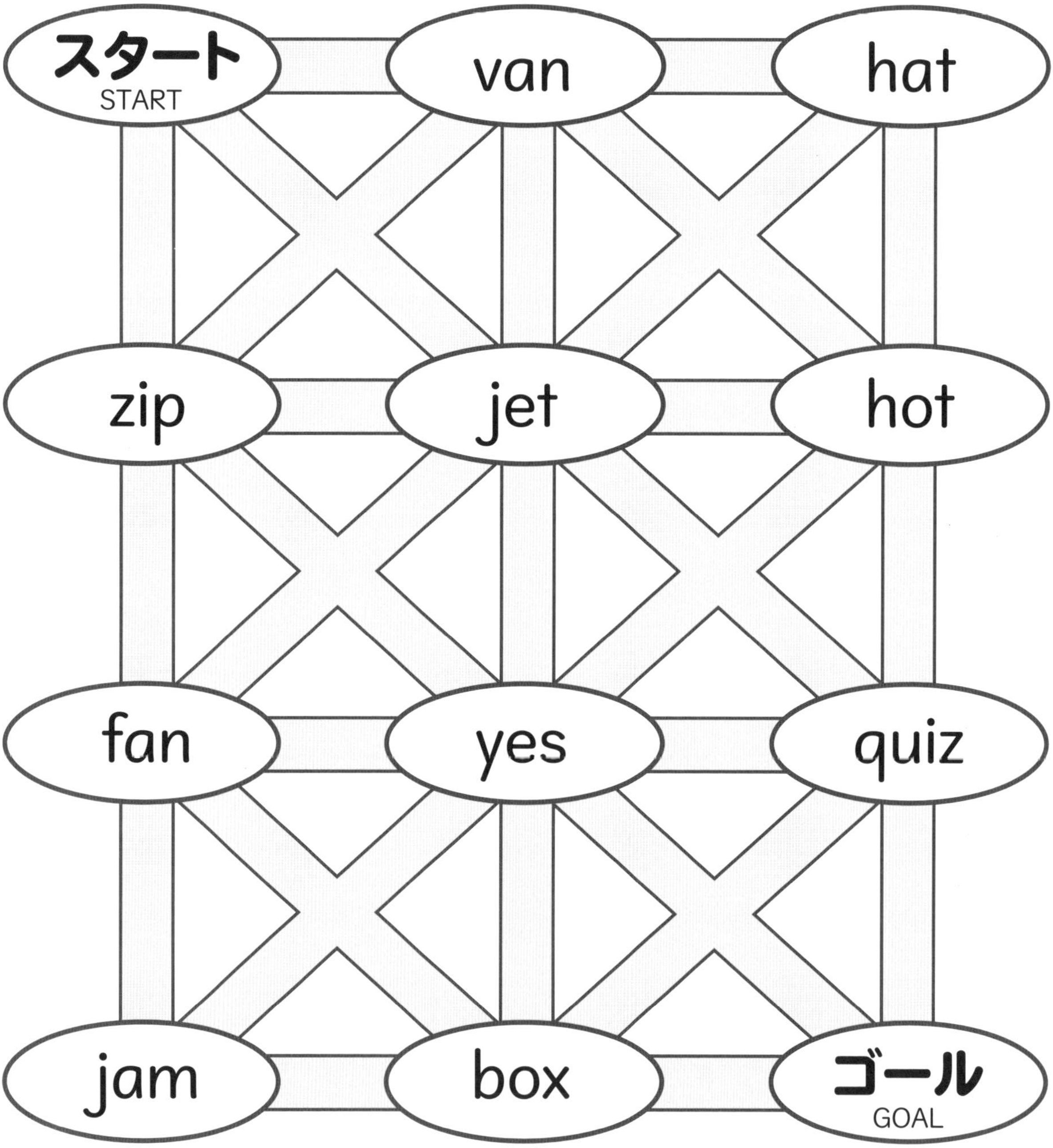

答《こた》え➡ zip » van » hot » hat » jet » yes » fan » jam » box » quiz

音声《おんせい》サイトへ

聞《き》こえた順《じゅん》に点《てん》をつなごう(2)

音声《おんせい》を聞《き》いて、聞《き》こえた単語《たんご》の●(点《てん》)を、順番《じゅんばん》に線《せん》でつなごう。

fit ●

● win

red ●

● yes

fan ●

● zip

jet ●

● hot

● van

hat ●

答《こた》え➡ hat » van » jet » hot » fan » zip » red » yes » fit » win

音声《おんせい》サイトへ

絵《え》が表《あらわ》す単語《たんご》を書《か》いてみよう(3)

絵《え》が表《あらわ》す単語《たんご》を、音声《おんせい》に続《つづ》けて言《い》いながら、□にあてはまる文字《もじ》を書《か》こう。
全部《ぜんぶ》書《か》き入《い》れたら、自分《じぶん》でもう一度《いちど》言《い》いながら、右側《みぎがわ》に単語《たんご》を書《か》こう。

1 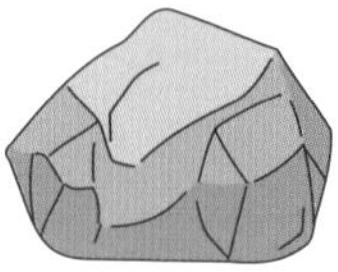
岩《いわ》
□ock

2 
船《ふね》
sh□p

3 
走《はし》る
ru□

4 
ハム
□am

5 
ひよこ
ch□ck

6 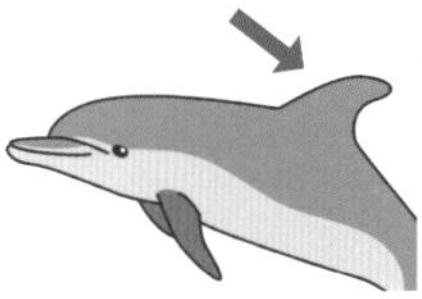
ひれ
fi□

答《こた》え➡ 1»r (rock) 2»i (ship) 3»n (run) 4»h (ham) 5»i (chick) 6»n (fin)

7

仕事《しごと》

□ob

8

くもの巣《す》

w□b

9

おいしい

yu□

10

すばやい

□uick

11

じゅう医《い》さん

v□t

12

6

si□

13

ジグザグ

□igzag

答《こた》え➡ 7»j（job） 8»e（web） 9»m（yum） 10»q（quick） 11»e（vet） 12»x（six）
13»z（zigzag）

単語《たんご》が表《あらわ》す絵《え》を選《えら》ぼう(3)

単語《たんご》を声《こえ》に出《だ》して読《よ》みながら、それぞれが表《あらわ》すものを、右《みぎ》の3つの絵《え》の中《なか》から選《えら》んで○で囲《かこ》もう。

1 ship   

2 run   

3 six  

4 rock   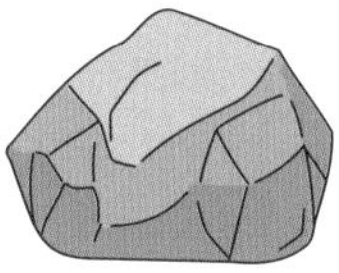

5 yum   

6 fin   

答《こた》え➡ 1»  2»  3»  4»  5»  6» 

単語《たんご》と絵《え》をつなごう(3)

単語《たんご》を声《こえ》に出《だ》して読《よ》みながら、それぞれが表《あらわ》すものを、右《みぎ》の絵《え》から選《えら》び、●(点《てん》)と●(点《てん》)を線《せん》でつなごう。

1 quick ● ● 

2 web ● ● 

3 chick ● ● 

4 job ● ● 

5 zigzag ● ● 

6 ham ● ● 

答《こた》え➡ 1»  2»  3»  4»  5»  6» 

音声《おんせい》サイトへ

聞《き》こえた順《じゅん》に進《すす》もう(3)

音声《おんせい》を聞《き》いて、聞《き》こえた単語《たんご》を順番《じゅんばん》にたどって、スタートからゴールまで進《すす》もう。

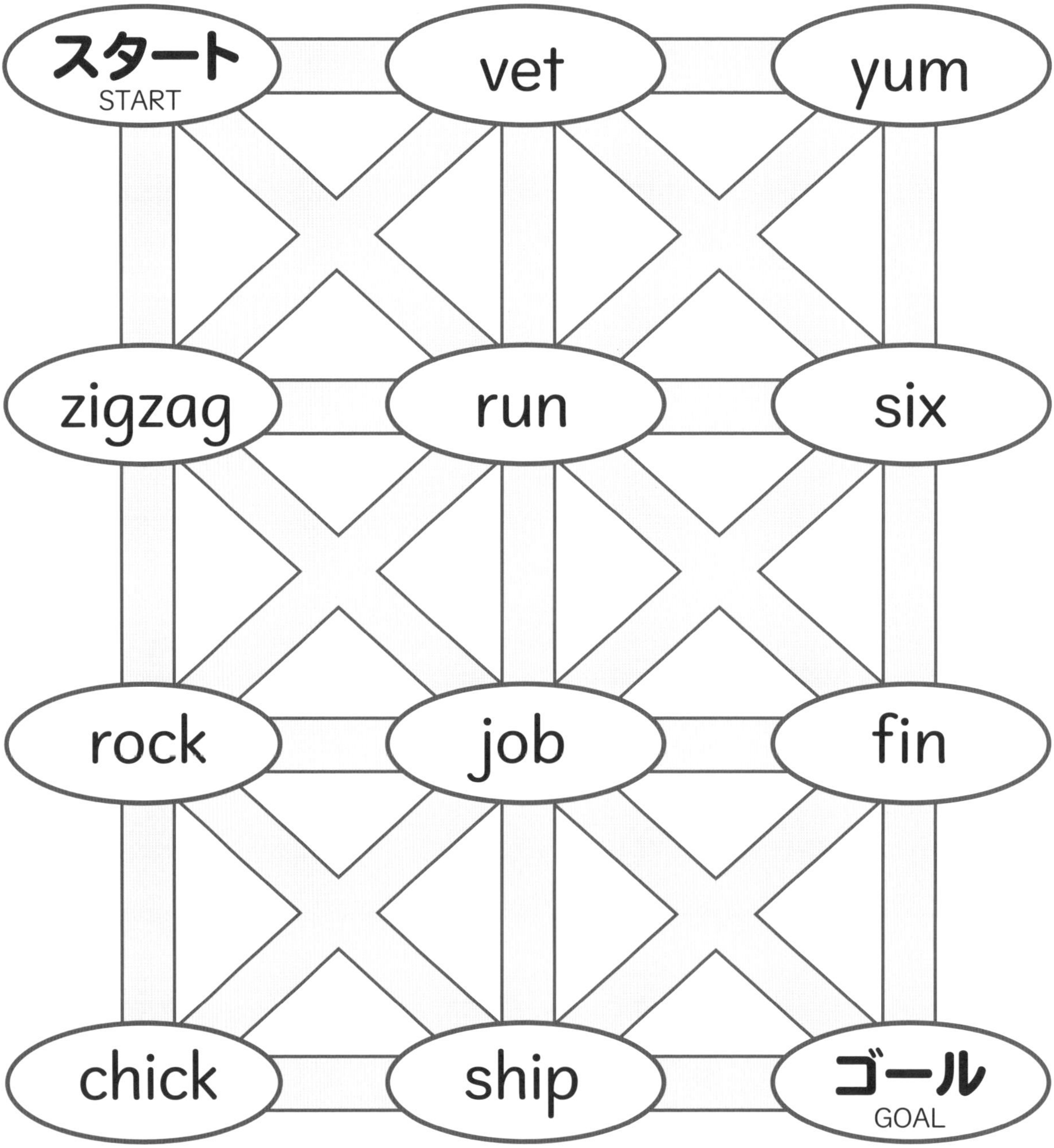

答《こた》え➡ zigzag » rock » run » vet » yum » six » fin » job » chick » ship

音声《おんせい》サイトへ

聞《き》こえた順《じゅん》に点《てん》をつなごう(3)

音声《おんせい》を聞《き》いて、聞《き》こえた単語《たんご》の●(点《てん》)を、順番《じゅんばん》に線《せん》でつなごう。

web ●

● quick

ham ●

● yum

chick ●

● run

job ●

● rock

● six

ship ●

答《こた》え➡ run » ship » six » job » rock » chick » quick » ham » yum » web

音声《おんせい》サイトへ

絵《え》が表《あらわ》す単語《たんご》を書《か》いてみよう(4)

絵《え》が表《あらわ》す単語《たんご》を、音声《おんせい》に続《つづ》けて言《い》いながら、□にあてはまる文字《もじ》を書《か》こう。
全部《ぜんぶ》書《か》き入《い》れたら、自分《じぶん》でもう一度《いちど》言《い》いながら、右側《みぎがわ》に単語《たんご》を書《か》こう。

1

あれ

[t][h]at　　that

2

黒《くろ》

b□ack

3
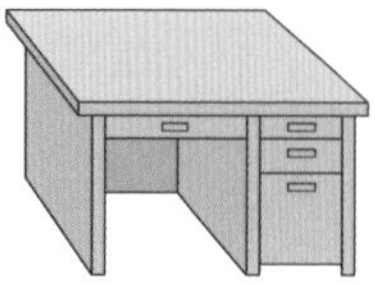
机《つくえ》

de□k

4

豊《ゆた》かな

ri□□

5

ドラム

□rum

6

やわらかい

s□ft

答《こた》え➡ 1» th (that)　2» l (black)　3» s (desk)　4» ch (rich)　5» d (drum)　6» o (soft)

7

あり

a□t

8

止《と》まる

sto□

9

時計《とけい》

□lock

10

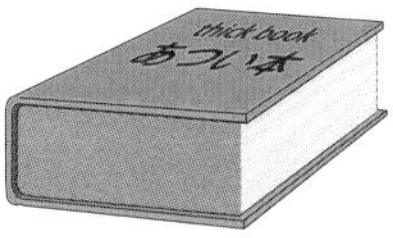

厚《あつ》い

th□ck

11

これ

thi□

12

魚《さかな》

□ish

13

うすい

□□in

答《こた》え➡ 7» n (ant)　8» p (stop)　9» c (clock)　10» i (thick)　11» s (this)　12» f (fish)
13» th (thin)

単語《たんご》が表《あらわ》す絵《え》を選《えら》ぼう（4）

単語《たんご》を声《こえ》に出《だ》して読《よ》みながら、それぞれが表《あらわ》すものを、右《みぎ》の3つの絵《え》の中《なか》から選《えら》んで○で囲《かこ》もう。

1 stop

2 thick

3 ant

4 soft

5 desk

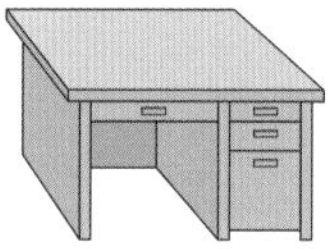

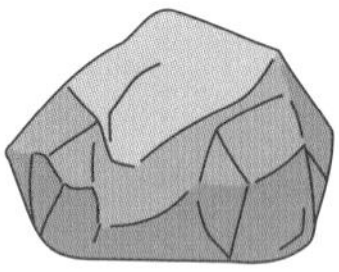

6 clock

答《こた》え➡ 1»  2»  3»  4»  5» 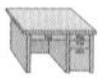 6» 

単語《たんご》と絵《え》をつなごう(4)

単語《たんご》を声《こえ》に出《だ》して読《よ》みながら、それぞれが表《あらわ》すものを、右《みぎ》の絵《え》から選《えら》び、●(点《てん》)と●(点《てん》)を線《せん》でつなごう。

1　black　●　　　●　

2　drum　●　　　●　

3　this　●　　　●　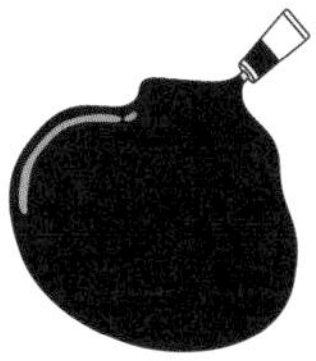

4　that　●　　　●　

5　rich　●　　　●　

6　fish　●　　　●　

答《こた》え➡ 1»  2»  3»  4»  5»  6» 

音声《おんせい》サイトへ

聞《き》こえた順《じゅん》に進《すす》もう(4)

音声《おんせい》を聞《き》いて、聞《き》こえた単語《たんご》を順番《じゅんばん》にたどって、スタートからゴールまで進《すす》もう。

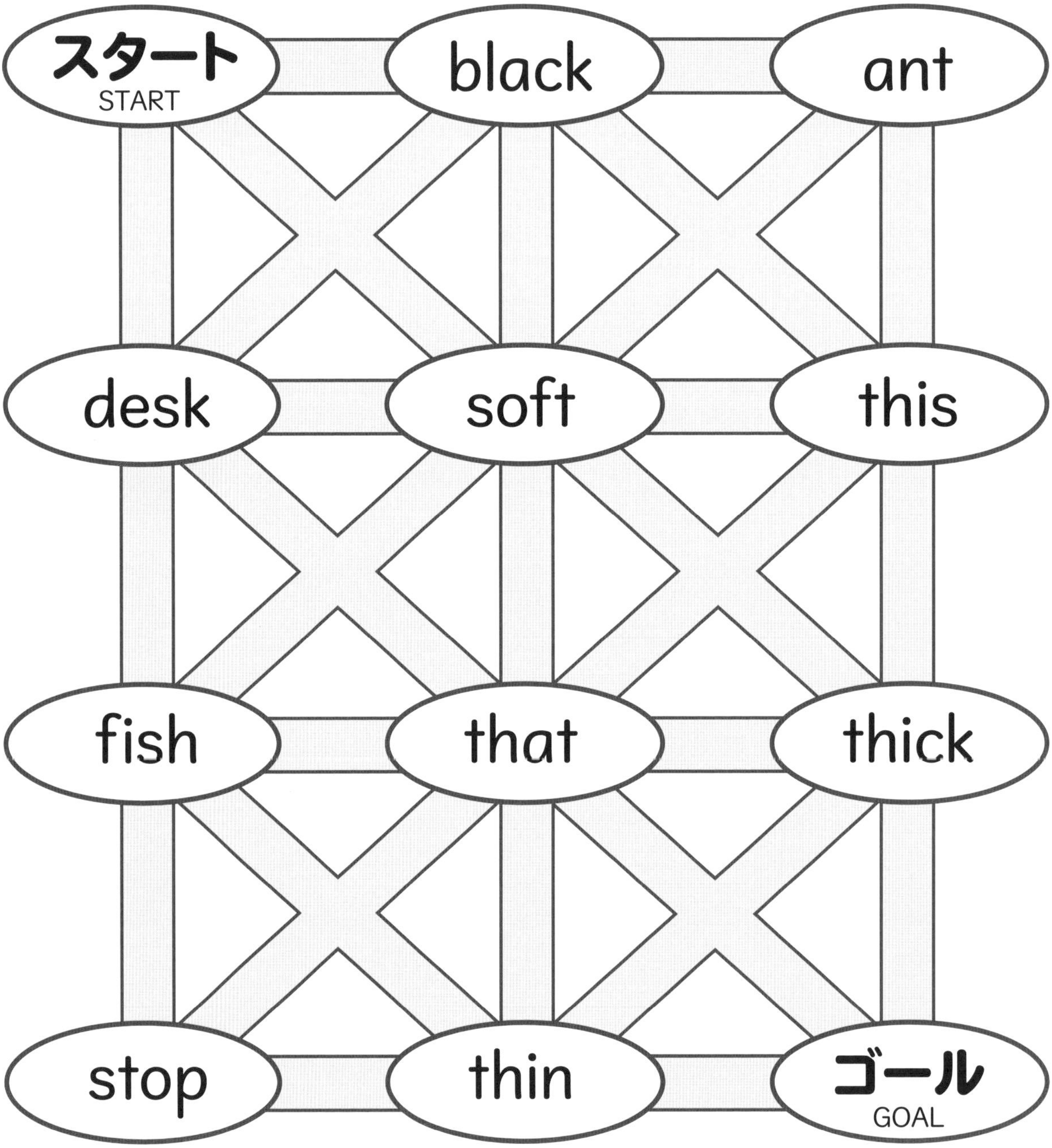

 答《こた》え➡ soft » thick » this » ant » black » desk » that » fish » stop » thin

音声《おんせい》サイトへ

聞《き》こえた順《じゅん》に点《てん》をつなごう(4)

音声《おんせい》を聞《き》いて、聞《き》こえた単語《たんご》の●(点《てん》)を、順番《じゅんばん》に線《せん》でつなごう。

drum ●

● clock

rich ●

● thin

desk ●

● ant

fish ●

● stop

● soft

this ●

答《こた》え➡ clock » desk » stop » this » soft » rich » fish » ant » thin » drum

音声《おんせい》サイトへ

絵《え》が表《あらわ》す単語《たんご》を書《か》いてみよう（5）

絵《え》が表《あらわ》す単語《たんご》を、音声《おんせい》に続《つづ》けて言《い》いながら、□にあてはまる文字《もじ》を書《か》こう。
全部《ぜんぶ》書《か》き入《い》れたら、自分《じぶん》でもう一度《いちど》言《い》いながら、右側《みぎがわ》に単語《たんご》を書《か》こう。

1

インク

□nk

2

これ

th□s

3
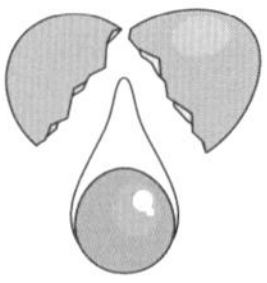
卵《たまご》

□gg

4

赤《あか》

r□d

5

あり

□nt

6

ねこ

c□t

答《こた》え➡ 1»i (ink)　2»i (this)　3»e (egg)　4»e (red)　5»a (ant)　6»a (cat)

7

お牛《うし》

□x

8

犬《いぬ》

d□g

9

上《うえ》へ

□p

10

太陽《たいよう》

s□n

11

船《ふね》

□□ip

12

ひよこ

□□ick

13

あれ

□□at

答《こた》え➡ 7» o (ox) 8» o (dog) 9» u (up) 10» u (sun) 11» sh (ship) 12» ch (chick) 13» th (that)

単語《たんご》が表《あらわ》す絵《え》を選《えら》ぼう(5)

単語《たんご》を声《こえ》に出《だ》して読《よ》みながら、それぞれが表《あらわ》すものを、右《みぎ》の3つの絵《え》の中《なか》から選《えら》んで○で囲《かこ》もう。

1 ox

2 that

3 this

4 sun

5 red

  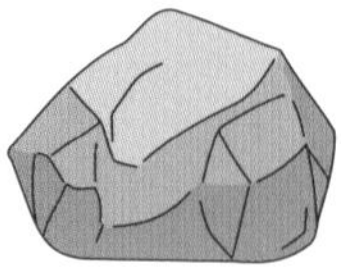

6 egg

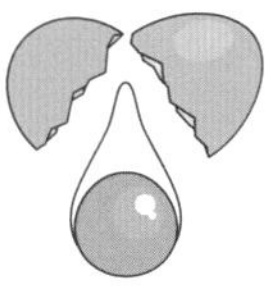  

答《こた》え➡ 1» 2»  3»  4»  5»  6» 

単語《たんご》と絵《え》をつなごう(5)

単語《たんご》を声《こえ》に出《だ》して読《よ》みながら、それぞれが表《あらわ》すものを、右《みぎ》の絵《え》から選《えら》び、●(点《てん》)と●(点《てん》)を線《せん》でつなごう。

1	cat	●	●	
2	ant	●	●	
3	ink	●	●	
4	up	●	●	
5	dog	●	●	
6	ship	●	●	

答《こた》え➡ 1»  2»  3»  4»  5»  6» 

音声《おんせい》サイトへ

聞《き》こえた順《じゅん》に進《すす》もう(5)

音声《おんせい》を聞《き》いて、聞《き》こえた単語《たんご》を順番《じゅんばん》にたどって、スタートからゴールまで進《すす》もう。

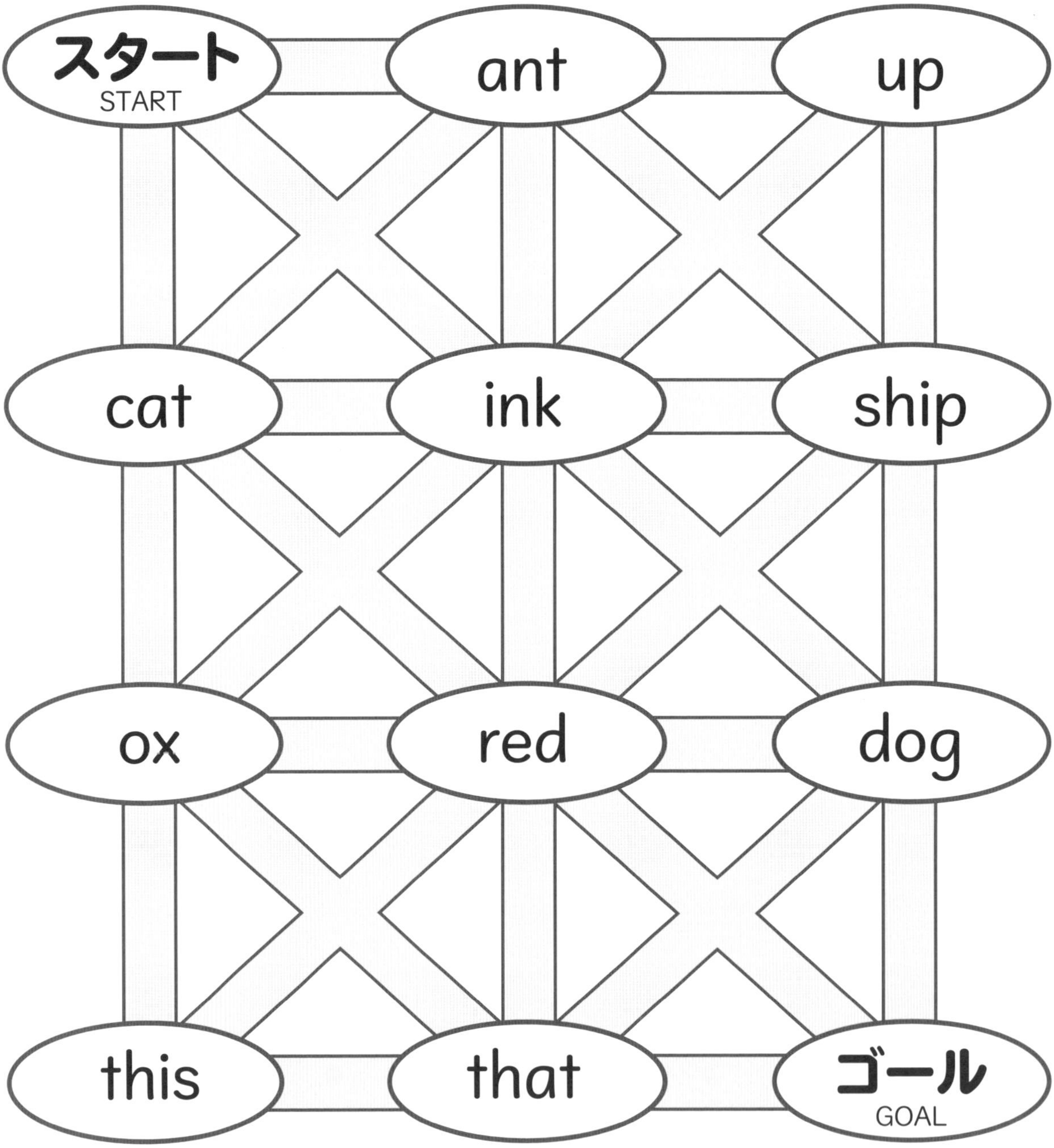

答《こた》え➡ cat » ox » ink » ant » up » ship » dog » red » this » that

音声《おんせい》サイトへ

聞《き》こえた順《じゅん》に点《てん》をつなごう(5)

音声《おんせい》を聞《き》いて、聞《き》こえた単語《たんご》の●(点《てん》)を、順番《じゅんばん》に線《せん》でつなごう。

egg

sun

chick

ink

dog

that

ant

ox

red

up

答《こた》え➡ chick » sun » ant » egg » that » dog » ink » ox » up » red

音声《おんせい》サイトへ

単語《たんご》を読《よ》もう(1)

音声《おんせい》に続《つづ》けて、声《こえ》に出《だ》して、単語《たんご》を読《よ》んでいこう。

1	bed	red	vet	できた！
2	jet	get	ant	できた！
3	sun	pen	ten	できた！
4	six	box	kid	できた！
5	fan	fin	win	できた！
6	bell	ox	web	できた！

7	cat	net	hat	できた！
8	drum	yum	jam	できた！
9	fit	fish	rich	できた！
10	quiz	this	yes	できた！
11	job	up	zip	できた！
12	dog	leg	egg	できた！
13	rock	ink	desk	できた！

音声《おんせい》サイトへ

単語《たんご》を読《よ》もう(2)

音声《おんせい》に続《つづ》けて、声《こえ》に出《だ》して、単語《たんご》を読《よ》んでいこう。

1	map	ship	stop	できた！ □
2	that	hat	hot	できた！ □
3	thick	quick	kick	できた！ □
4	jet	jam	ham	できた！ □
5	thin	soft	ant	できた！ □
6	black	clock	quick	できた！ □

7	van	run	sun	できた！ ☐
8	chick	zigzag	egg	できた！ ☐
9	ant	drum	stop	できた！ ☐
10	yes	ten	get	できた！ ☐
11	rock	quiz	bell	できた！ ☐
12	web	six	van	できた！ ☐
13	ox	box	desk	できた！ ☐

音声《おんせい》サイトへ

聞《き》こえた単語《たんご》はどれ？(1)

音声《おんせい》を聞《き》いて、聞《き》こえた単語《たんご》を○で囲《かこ》もう。

1	bed	red	vet
2	jet	get	ant
3	sun	pen	ten
4	six	box	kid
5	fan	fin	win
6	bell	ox	web

答《こた》え➡ 1»vet 2»get 3»sun 4»six 5»fin 6»ox

7	cat	net	hat
8	drum	yum	jam
9	fit	fish	rich
10	quiz	this	yes
11	job	up	zip
12	dog	leg	egg
13	rock	ink	desk

答《こた》え➡ 7» hat 8» drum 9» fish 10» this 11» zip 12» egg 13» rock

音声《おんせい》サイトへ

聞《き》こえた単語《たんご》はどれ？(2)

音声《おんせい》を聞《き》いて、聞《き》こえた単語《たんご》を○で囲《かこ》もう。

1	map	ship	stop
2	that	hat	hot
3	thick	quick	kick
4	jet	jam	ham
5	thin	soft	ant
6	black	clock	quick

答《こた》え➡ 1»ship 2»hot 3»thick 4»jam 5»ant 6»clock

7	van	run	sun
8	chick	zigzag	egg
9	ant	drum	stop
10	yes	ten	get
11	rock	quiz	bell
12	web	six	van
13	ox	box	desk

答《こた》え➡ 7»run 8»chick 9»stop 10»ten 11»quiz 12»web 13»desk

単語《たんご》を探《さが》そう（大文字《おおもじ》）

上《うえ》にある単語《たんご》を探《さが》して、例《れい》と同《おな》じように○で囲《かこ》もう。縦《たて》でも横《よこ》でもななめでもいいよ。探《さが》した単語《たんご》を、声《こえ》に出《だ》して読《よ》んでみよう。

- □ BED
- □ JET
- □ PEN
- □ DOG
- □ QUIZ
- □ BOX
- □ UP
- □ WIN
- □ BELL
- □ MAP

N	I	N	W	I	N	X	S	D	O
R	B	O	X	C	M	A	P	I	P
Q	U	M	P	E	B	E	L	L	E
Q	R	A	B	E	D	T	R	Q	N
I	U	A	W	N	D	O	X	U	P
J	T	I	N	C	O				
A	E	W	Z	G	G				
M	T	T	P	L	E				

P129の答《こた》え➡

t	b	l	a	c	k	s	u	n	n
w	i	a	k	t	s	o	f	t	r
z	b	u	n	c	a	t	k	e	i
e	i	t	e	t	i	v	e	g	c
s	i	g	p	e	n	e	t	g	h
l	j	r	z	o	s				
o	o	e	s	a	b				
w	b	d	d	l	g				

単語《たんご》を探《さが》そう（小文字《こもじ》）

上《うえ》にある単語《たんご》を探《さが》して、左《ひだり》ページの例《れい》と同《おな》じように○で囲《かこ》もう。縦《たて》でも横《よこ》でもななめでもいいよ。探《さが》した単語《たんご》を、声《こえ》に出《だ》して読《よ》んでみよう。

□ cat　□ job　□ net　□ ant　□ rich　□ black
□ soft　□ zigzag　□ sun　□ egg

t	b	l	a	c	k	s	u	n	n
w	i	a	k	t	s	o	f	t	r
z	b	u	n	c	a	t	k	e	i
e	i	t	e	t	i	v	e	g	c
s	i	g	p	e	n	e	t	g	h
l	j	r	z	o	s				
o	o	e	s	a	b				
w	b	d	d	l	g				

P128の答《こた》え➡

N	I	N	W	I	N	X	S	D	O
R	B	O	X	C	M	A	P	I	P
Q	U	M	P	E	B	E	L	L	E
Q	R	A	B	E	D	T	R	Q	N
I	U	A	W	N	D	O	X	U	P
J	T	I	N	C	O				
A	E	W	Z	G	G				
M	T	T	P	L	E				

音声《おんせい》サイトへ

出《で》てきた単語《たんご》をチェックしよう

ここまでに出《で》てきた単語《たんご》が全部《ぜんぶ》書《か》いてあるよ。何《なに》を表《あらわ》す単語《たんご》で、どういう発音《はつおん》をするか、覚《おぼ》えているかチェックしよう。

□ ant	□ bed	□ bell	□ black	□ box
□ cat	□ chick	□ clock	□ desk	□ dog
□ drum	□ egg	□ fan	□ fin	□ fish
□ fit	□ get	□ ham	□ hat	□ hot
□ ink	□ jam	□ jet	□ job	□ kick
□ kid	□ leg	□ map	□ net	□ ox
□ pen	□ quick	□ quiz	□ red	□ rich
□ rock	□ run	□ ship	□ six	□ soft
□ stop	□ sun	□ ten	□ that	□ thick
□ thin	□ this	□ up	□ van	□ vet
□ web	□ win	□ yes	□ yum	□ zigzag
□ zip	☆	☆	☆	☆

付録《ふろく》

ローマ字《じ》

ここからは、ローマ字《じ》という、日本語《にほんご》をアルファベットで書《か》き表《あらわ》すための方法《ほうほう》を学習《がくしゅう》していくよ。

大事《だいじ》なことは、ローマ字《じ》は英語《えいご》ではなく、日本語《にほんご》であるってこと。日本語《にほんご》の発音《はつおん》を、アルファベットの組《く》み合《あ》わせで、どうにかして表《あらわ》すために、日《に》本《ほん》で作《つく》られた方法《ほうほう》なんだ。

日本語《にほんご》の自分《じぶん》の名前《なまえ》や住所《じゅうしょ》を外国《がいこく》の人《ひと》に伝《つた》えるときや、パソコンのキーボードで日本語《にほんご》を入力《にゅうりょく》するときなどには、ローマ字《じ》が役《やく》に立《た》つよ。

ローマ字《じ》の法則《ほうそく》を見《み》てみよう

日本語《にほんご》の「あいうえお、かきくけこ、……」に対応《たいおう》した、ローマ字《じ》の表《ひょう》だよ。
どのような法則《ほうそく》があるか、わかるかな。

	a	i	u	e	o
	あ a	い i	う u	え e	お o
k	か ka	き ki	く ku	け ke	こ ko
s	さ sa	し shi	す su	せ se	そ so
t	た ta	ち chi	つ tsu	て te	と to
n	な na	に ni	ぬ nu	ね ne	の no
h	は ha	ひ hi	ふ fu	へ he	ほ ho
m	ま ma	み mi	む mu	め me	も mo
y	や ya		ゆ yu		よ yo
r	ら ra	り ri	る ru	れ re	ろ ro
w	わ wa				を wo
n	ん n				

	a	i	u	e	o
g	が ga	ぎ gi	ぐ gu	げ ge	ご go
z	ざ za	じ ji	ず zu	ぜ ze	ぞ zo
d	だ da	ぢ ji	づ zu	で de	ど do
b	ば ba	び bi	ぶ bu	べ be	ぼ bo
p	ぱ pa	ぴ pi	ぷ pu	ぺ pe	ぽ po

あ行《ぎょう》の「あ」「い」「う」「え」「お」は、「a」「i」「u」「e」「o」と書《か》くよ。

か行《ぎょう》の「か」「き」「く」「け」「こ」は、「a」「i」「u」「e」「o」の頭《あたま》にそれぞれ「k」をつけて、「ka」「ki」「ku」「ke」「ko」と表《あらわ》すんだね。

同《おな》じように、さ行《ぎょう》は頭《あたま》に「s」を、た行《ぎょう》は「t」をつけるんだ。

法則《ほうそく》がわかれば、かんたんに表《あらわ》せるね！

注意《ちゅうい》するのは、いくつかだけは、法則通《ほうそくどお》りではないこと。表《ひょう》の中《なか》でマーカーのついている文字《もじ》だね。「し」「ち」「つ」「ふ」は、「shi」「chi」「tsu」「fu」と表《あらわ》すよ。「じ」「ぢ」は両方《りょうほう》とも「ji」、「づ」は「ず」と同《おな》じ「zu」と表《あらわ》すよ。

ただし、あとで出《で》てくるパソコンのローマ字変換《じへんかん》では、少《すこ》しちがったルールになるよ。

ローマ字《じ》表《ひょう》をなぞってみよう(1)

ローマ字《じ》表《ひょう》に書《か》かれた文字《もじ》を、読《よ》み方《かた》を言《い》いながら、なぞってみよう。

	a	i	u	e	o
	a	i	u	e	o
k	ka	ki	ku	ke	ko
s	sa	shi	su	se	so
t	ta	chi	tsu	te	to
n	na	ni	nu	ne	no
h	ha	hi	fu	he	ho
m	ma	mi	mu	me	mo
y	ya		yu		yo
r	ra	ri	ru	re	ro
w	wa				wo
n			n		

	a	i	u	e	o
g	ga	gi	gu	ge	go
z	za	ji	zu	ze	zo
d	da	ji	zu	de	do
b	ba	bi	bu	be	bo
p	pa	pi	pu	pe	po

いくつかだけ法則通《ほうそくどお》りでないのは、ローマ字《じ》には「訓令式《くんれいしき》」と「ヘボン式《しき》」とよばれる２通《とお》りの書《か》き方《かた》があるからなんだ。下《した》の表《ひょう》がその例《れい》だよ。

でも、この本《ほん》では、どちらかに決《き》めるのではなく、生活《せいかつ》の中《なか》で一般的《いっぱんてき》によく使《つか》われる書《か》き方《かた》で練習《れんしゅう》することにするよ。

	訓令式《くんれいしき》	ヘボン式《しき》
し	si	shi
ち	ti	chi
つ	tu	tsu
ふ	hu	fu
ちゃ	tya	cha
じゃ	zya	ja

ローマ字表《じひょう》をなぞってみよう(2)

「きゃ」「きゅ」「きょ」、「しゃ」「しゅ」「しょ」など、小《ちい》さな文字《もじ》が入《はい》った音《おん》の表《あらわ》し方《かた》だよ。

k	kya《きゃ》	kyu《きゅ》	kyo《きょ》
sh	sha《しゃ》	shu《しゅ》	sho《しょ》
ch	cha《ちゃ》	chu《ちゅ》	cho《ちょ》
n	nya《にゃ》	nyu《にゅ》	nyo《にょ》
h	hya《ひゃ》	hyu《ひゅ》	hyo《ひょ》
m	mya《みゃ》	myu《みゅ》	myo《みょ》
r	rya《りゃ》	ryu《りゅ》	ryo《りょ》
g	gya《ぎゃ》	gyu《ぎゅ》	gyo《ぎょ》
j	ja《じゃ》	ju《じゅ》	jo《じょ》
b	bya《びゃ》	byu《びゅ》	byo《びょ》
p	pya《ぴゃ》	pyu《ぴゅ》	pyo《ぴょ》

k	kya	kyu	kyo
sh	sha	shu	sho
ch	cha	chu	cho
n	nya	nyu	nyo
h	hya	hyu	hyo
m	mya	myu	myo
r	rya	ryu	ryo
g	gya	gyu	gyo
j	ja	ju	jo
b	bya	byu	byo
p	pya	pyu	pyo

単語《たんご》を書《か》いてみよう

文字《もじ》をなぞって、ローマ字《じ》で単語《たんご》を書《か》いてみよう。なぞって書《か》けたら、右側《みぎがわ》に自分《じぶん》で書《か》いてみよう。

雨《あめ》　ame

犬《いぬ》　inu

海《うみ》　umi

月《つき》　tsuki

羊《ひつじ》　hitsuji

くつ下《した》　kutsushita

鉛筆《えんぴつ》　enpitsu

写真《しゃしん》　shashin

神社《じんじゃ》　jinja

つまる音《おん》、のばす音《おん》を書《か》いてみよう

ローマ字《じ》のつまる音《おん》、のばす音《おん》は下《した》のように表《あらわ》すよ。なぞって書《か》いてみたあと、右側《みぎがわ》に自分《じぶん》で書《か》いてみよう。

つまる音《おん》「っ」は、つまる音《おん》のあとの文字《もじ》を2つ続《つづ》けて表《あらわ》すよ。

らっこ　rakko

きっぷ　kippu

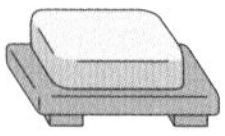
石《せっ》けん　sekken

のばす音《おん》は、のばす音《おん》の「a」「i」「u」「e」「o」の上《うえ》に「^」をつけて表《あらわ》すよ。

お兄《にい》さん　onîsan

地球《ちきゅう》　chikyû

とうふ　tôfu

ただし、「^」は省略《しょうりゃく》して、つけないことも多《おお》いよ。

ラーメン　ramen

自分《じぶん》の名前《なまえ》を書《か》いてみよう

ローマ字《じ》で、自分《じぶん》の名前《なまえ》を書《か》いてみよう。

まずは、自分《じぶん》の名前《なまえ》をひらがな（またはカタカナ）で書《か》いてみよう。

次《つぎ》に、ローマ字《じ》で書《か》いてみよう。名前《なまえ》とみょう字《じ》の最初《さいしょ》の文字《もじ》は大文字《おおもじ》にするよ。

大文字《おおもじ》

例《れい》）Riku Suzuki

英語《えいご》では、名前《なまえ》が先《さき》でみょうじ字《じ》が後《うし》ろになるよ。ここでは、英語風《えいごふう》に書《か》いてみよう。

人《ひと》の名前《なまえ》や地名《ちめい》、本《ほん》の題名《だいめい》などは、最初《さいしょ》の文字《もじ》を必《かなら》ず大文字《おおもじ》にするよ。

家族《かぞく》や友《とも》だちの名前《なまえ》を□の中《なか》にひらがな（またはカタカナ）で書《か》いてみよう。
次《つぎ》に、ローマ字《じ》で書《か》いてみよう。

都道府県名《とどうふけんめい》の書《か》き方《かた》

都道府県名《とどうふけんめい》はどう書《か》くのか見《み》てみよう。

人《ひと》の名前《なまえ》や地名《ちめい》は、最初《さいしょ》の文字《もじ》を大文字《おおもじ》にするんだったね。

それ以外《いがい》のルールとして、「都《と》」「府《ふ》」「県《けん》」の前《まえ》には「-」（ハイフン）をつけるよ。

ここでは、のばす音《おん》につける記号《きごう》「^」は省略《しょうりゃく》するよ。

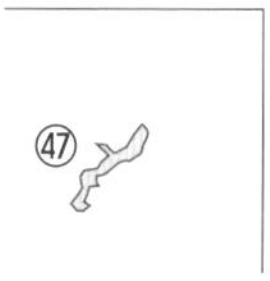

① 北海道《ほっかいどう》 Hokkaido

② 青森県《あおもりけん》 Aomori-ken

③ 岩手県《いわてけん》 Iwate-ken

④ 宮城県《みやぎけん》 Miyagi-ken

⑤ 秋田県《あきたけん》 Akita-ken

⑥ 山形県《やまがたけん》 Yamagata-ken

⑦ 福島県《ふくしまけん》 Fukushima-ken

⑧ 茨城県《いばらきけん》 Ibaraki-ken

⑨ 栃木県《とちぎけん》 Tochigi-ken

⑩ 群馬県《ぐんまけん》 Gunma-ken

⑪ 埼玉県《さいたまけん》 Saitama-ken

⑫ 千葉県《ちばけん》 Chiba-ken

⑬ 東京都《とうきょうと》 Tokyo-to

⑭ 神奈川県《かながわけん》 Kanagawa-ken

⑮ 新潟県《にいがたけん》 Niigata-ken

⑯ 富山県《とやまけん》 Toyama-ken

⑰ 石川県《いしかわけん》 Ishikawa-ken

⑱ 福井県《ふくいけん》 Fukui-ken

⑲ 山梨県《やまなしけん》 Yamanashi-ken

⑳ 長野県《ながのけん》 Nagano-ken

㉑ 岐阜県《ぎふけん》 Gifu-ken

㉒ 静岡県《しずおかけん》 Shizuoka-ken

㉓ 愛知県《あいちけん》 Aichi-ken

㉔ 三重県《みえけん》 Mie-ken

㉕ 滋賀県《しがけん》 Shiga-ken

㉖ 京都府《きょうとふ》 Kyoto-fu
㉗ 大阪府《おおさかふ》 Osaka-fu
㉘ 兵庫県《ひょうごけん》 Hyogo-ken
㉙ 奈良県《ならけん》 Nara-ken
㉚ 和歌山県《わかやまけん》 Wakayama-ken
㉛ 鳥取県《とっとりけん》 Tottori-ken
㉜ 島根県《しまねけん》 Shimane-ken
㉝ 岡山県《おかやまけん》 Okayama-ken
㉞ 広島県《ひろしまけん》 Hiroshima-ken
㉟ 山口県《やまぐちけん》 Yamaguchi-ken
㊱ 徳島県《とくしまけん》 Tokushima-ken
㊲ 香川県《かがわけん》 Kagawa-ken
㊳ 愛媛県《えひめけん》 Ehime-ken
㊴ 高知県《こうちけん》 Kochi-ken
㊵ 福岡県《ふくおかけん》 Fukuoka-ken
㊶ 佐賀県《さがけん》 Saga-ken
㊷ 長崎県《ながさきけん》 Nagasaki-ken
㊸ 熊本県《くまもとけん》 Kumamoto-ken
㊹ 大分県《おおいたけん》 Oita-ken
㊺ 宮崎県《みやざきけん》 Miyazaki-ken
㊻ 鹿児島県《かごしまけん》 Kagoshima-ken
㊼ 沖縄県《おきなわけん》 Okinawa-ken

自分《じぶん》の住所《じゅうしょ》を書《か》いてみよう

ローマ字《じ》で自分《じぶん》の住所《じゅうしょ》を書《か》いてみよう。市区町村名《しくちょうそんめい》の最初《さいしょ》の文字《もじ》は大文字《おおもじ》だよ。「市《し》」や「町《ちょう》」の前《まえ》には「-」(ハイフン)をつけるよ。

ひらがな（またはカタカナ）で書《か》いてみよう。

ローマ字《じ》で書《か》いてみよう。

例《れい》）1-2-3 Roppongi Minato-ku Tokyo-to

英語《えいご》の住所《じゅうしょ》の順番《じゅんばん》は、番地《ばんち》→市区町村名《しくちょうそんめい》→都道府県名《とどうふけんめい》のように、日本語《にほんご》とは反対《はんたい》になるよ。ここでは英語風《えいごふう》に書《か》いてみよう。

パソコンでローマ字《じ》変換《へんかん》をしよう

パソコンやタブレットのキーボードで日本語《にほんご》を入力《にゅうりょく》するときにも、ローマ字《じ》が使《つか》われるよ。入力《にゅうりょく》したい文字《もじ》をローマ字《じ》で打《う》って、変換《へんかん》してみよう。

例《たと》えば、「赤《あか》」という文字《もじ》をパソコンに入力《にゅうりょく》したいときは、まずローマ字《じ》で「AKA」と打《う》つよ。キーボードで「A」「K」「A」のキーを順番《じゅんばん》に押《お》すんだ。すると、ひらがなで「あか」と表示《ひょうじ》されるので、その状態《じょうたい》で「変換《へんかん》キー」を押《お》そう。「赤《あか》」「垢《あか》」「アカ」など「あか」と発音《はつおん》する文字《もじ》が次々《つぎつぎ》に表示《ひょうじ》されるので、「赤《あか》」を選《えら》んで「Enter (確定《かくてい》) キー」を押《お》すと、「赤《あか》」が入力《にゅうりょく》される。

パソコンで文字《もじ》を入力《にゅうりょく》するときには、以下《いか》のような、これまで見《み》てきたローマ字《じ》のルールとはちがうものもあるので、注意《ちゅうい》しよう。

★「ん」は「NN」と打《う》つよ。「N」キーを続《つづ》けて２回押《かいお》すんだね。

★法則通《ほうそくどお》りでなかった「し」「ち」「つ」「ふ」「じ」「ぢ」「づ」は、「SI」「TI」「TU」「HU」「ZI」「DI」「DU」と、法則通《ほうそくどお》りに打《う》って表《あらわ》せるよ。「し」「ち」「つ」「ふ」「じ」は、「SHI」「CHI」「TSU」「FU」「JI」と打《う》っても表《あらわ》せるよ。

★のばす音《おん》は、次《つぎ》のように、１字《じ》１字《じ》をしっかり法則通《ほうそくどお》りに打《う》つ感《かん》じだね。
お兄《にい》さん→ONIISANN　地球《ちきゅう》→T(CH)IKYUU　とうふ→TOUH(F)U

★「ケーキ」のように「ー」(音引《おんび》き)を使《つか》うときは、音引《おんび》きキー [-] を押《お》すよ。

どのキーを使《つか》う？

下《した》の単語《たんご》をキーボードで打《う》つとき、どのキーを使《つか》う？　□に使《つか》うキーを記《き》入《にゅう》しよう。また、右《みぎ》のキーボードの使《つか》うキーを塗《ぬ》りつぶそう。

例《れい》）スープ

S U - P U

ふとん

学校《がっこう》

縮《ちぢ》む

絵《え》をかく

（自分《じぶん》の名前《なまえ》）

答《こた》え➡ふとん »H(F)UTONN　学校《がっこう》»GAKKOU　縮《ちぢ》む»T(CH)IDIMU　絵《え》をかく»EWOKAKU

北出勝也 Katsuya Kitade

視機能トレーニングセンター　Joy　Vision代表。米国オプトメトリー・ドクター。一般社団法人視覚トレーニング協会代表理事。関西国際大学教育学部非常勤講師。

関西学院大学商学部卒業後、キクチ眼鏡専門学校を経て、米国パシフィック大学へ留学。検眼学（オプトメトリー）を学び、米国の国家資格「ドクター・オブ・オプトメトリー」を取得。帰国後、日本には数少ないオプトメトリストとして、見え方の悩みをもつ子供やスポーツ選手の視覚機能の検査、トレーニング指導に従事。書籍の執筆や講演会、勉強会の講師など幅広く活躍している。主な著書に『学ぶことが大好きになるビジョントレーニング』『クラスで楽しくビジョントレーニング』（以上、図書文化社）、『眼を動かすだけ１分間超集中法』（光文社）、『発達の気になる子のビジョントレーニング』（監修、ナツメ社）など。

村上加代子 Kayoko Murakami

甲南女子大学准教授。英語教育ユニバーサルデザイン研究学会（AUDELL）代表。

米国ウィスコンシン大学マジソン校卒。発達障害（主に学習障害）のある児童・生徒への英語の基礎的読み書き習得を実践的に研究。特に英語の音韻認識やデコーディング（文字と音の対応習得）指導法、教材開発に関わる。全国で英語教育におけるユニバーサルデザインの授業づくりや特別支援教育に関する講演、研修も行っている。主な著書に『めざせ！ 英語のユニバーサルデザイン授業』（共著、学研）、『読み書きが苦手な子どものための英単語指導ワーク』（明治図書出版）など。

装幀　長谷川理（Phontage Guild）
編集協力　齊藤由佳子
編集　小島卓（東京書籍）

ビジョントレーニングで
アルファベットはじめてドリル

2020年11月 6日　第1刷発行
2023年12月25日　第2刷発行

著　者　北《きた》出《で》勝《かつ》也《や》 ／ 村《むら》上《かみ》加《か》代《よ》子《こ》
発行者　渡辺能理夫
発行所　東京書籍株式会社
〒114-8524　東京都北区堀船2-17-1
03-5390-7531（営業）　03-5390-7526（編集）
https://www.tokyo-shoseki.co.jp

印刷・製本　株式会社リーブルテック

ISBN978-4-487-81353-7　C6082